SEMINÁRIOS
Colette Soler

Rumo à identidade

Copyright © 2015 Éditions du Champ lacanien
Vers l'identité

Texto original corrigido por Martine Menès e Nicolas Bendrihen.

Publicado com a devida autorização e com os todos os direitos, para a publicação em português, reservados à Aller Editora.

É expressamente proibida qualquer utilização ou reprodução do conteúdo desta obra, total ou parcial, seja por meios impressos, eletrônicos ou audiovisuais, sem o consentimento expresso e documentado da Aller Editora.

Editora	Fernanda Zacharewicz
Conselho editorial	Andréa Brunetto — Escola de Psicanálise dos Fóruns do Campo Lacaniano
	Beatriz Santos — Université Paris Diderot — Paris 7
	Jean-Michel Vives — Université Côte d'Azur
	Lia Carneiro Silveira — Universidade Estadual do Ceará
	Luis Izcovich — Escola de Psicanálise dos Fóruns do Campo Lacaniano
Tradução	Sonia Campos Magalhães
Revisão da tradução	Solange Mendes da Fonsêca
	Vera Edington
Revisão	André Luiz Rodrigues
Capa	Rubens Lima
Diagramação	Sonia Peticov

2ª edição: julho de 2021

Dados Internacionais de Catalogação na Publicação (CIP)
Ficha catalográfica elaborada por Angélica Ilacqua CRB-8/7057

Soler, Colette, 1937–
    Rumo à identidade / Colette Soler; tradução de Sonia Campos Magalhães — 1. ed. — São Paulo: Aller Editora, 2018.
    192 p.

Título original: *Vers l'identité*
ISBN: 978-85-94347-08-4
ISBN e-book: 978-65-87399-15-7

1. Identidade (Psicologia) 2. Identificação (Psicologia) 3. Psicanálise 4. Sujeito (Psicologia)   I. Título.

18-14474   CDD 150.195

Índice para catálogo sistemático
1. Psicanálise: Psicologia   150.195

Publicado com a devida autorização e com
todos os direitos reservados por

ALLER EDITORA
Rua Wanderley, 700
São Paulo—SP, CEP: 05011-001
Tel: (11) 93015.0106
contato@allereditora.com.br
Facebook: Aller Editora
Instagram: @allereditora

Sumário

Apresentação   5

UM   12 de novembro de 2014   9
Contexto analítico   9
Consciência de identidade   13
A Identidade colocada em questão   16
Rumo à identidade   20

DOIS   26 de novembro de 2014   24
"Apalavrado" com o capitalismo   25
Identidade e laço social   27
A opção segregativa   31
Não todo "apalavrado" com o capitalismo   35

TRÊS   17 de dezembro de 2014   38
Questionamento da identidade   39
O sujeito representado   41
Entrada do sujeito no real   45
Função das identificações   47

QUATRO   7 de janeiro de 2015   51
A ordem das identificações   51
Duas identificações primordiais   53
"A via imaginária"   57
Uma ausência   63

CINCO   21 de janeiro de 2015   65
Falo, estás aí?   65
Genealogia do falo   71
Clínica falocêntrica   78

SEIS 4 de fevereiro de 2015 — 80
- Falo socializante — 80
- Duas faltas — 85
- E o Nome-do-Pai? — 89

SETE 11 de março de 2015 — 92
- A identificação primordial — 92
- Subversão — 96
- Função copulatória do falo — 100

OITO 25 de março de 2015 — 105
- Castração materna — 105
- O suplemento fálico — 109
- O coletivo e o individual — 114
- Contexto — 114

NOVE 8 de abril de 2015 — 120
- Nosso contexto — 120
- Nos passos de Freud — 123
- Uma só psicologia — 123
- O amor "civilizador" — 125
- As três identificações — 129

DEZ 6 de maio de 2015 — 137
- O princípio de coesão — 137
- A massa freudiana não é um discurso — 141
- Laços entre pares? — 146

ONZE 20 de maio de 2015 — 154
- Dialética das identificações fálicas — 155
- Desejo inconsciente e genitalidade — 158
- O gozo do corpo... — 162
- Que corpo? — 164
- O corpo inverossímil — 166

DOZE 3 de junho de 2015 — 172
- A identificação com o sintoma — 172
- Gozo não êxtimo — 173
- Os Uns reais — 178
- Identificar-se sem identificar? — 183

Apresentação

Vers l'identité foi o título escolhido por Colette Soler para seu curso pronunciado em doze momentos no Colégio Clínico de Paris, nos anos de 2014 e 2015, e publicado sob sua direção em outubro de 2015, na Coleção Estudos, uma edição do Campo Lacaniano.

Foi com grande entusiasmo que recebemos esse trabalho de Soler pela novidade que seu título já apontava e decidimos trabalhá-lo em cartel formado por Andréa Hortélio Fernandes, Andréa Lima, Ida Freitas, Sonia Magalhães e Vera Edington como mais-um, com o propósito de realizar uma dupla tarefa, de tradução e estudo do tema. Antes mesmo do início da tradução, o pequeno texto situado na contracapa nos incitava ao trabalho, pois, do ponto de vista da Psicanálise, trazia de forma nova o termo "Identidade", merecedor de um estudo apurado por seu valor clínico.

A leitura do texto resultante desse curso de Soler nos leva a observar que o seu esforço maior está orientado para a busca de resposta a uma indagação central: como o discurso analítico situa as questões relativas à Identidade e à Identificação?

De partida, a autora nos instigou à pesquisa, ao situar a "Identidade" como um tema que atravessa todo o ensino de Lacan. "Eu enfatizei, as fórmulas de Lacan mudam, o dizer não muda", o que se constrói de uma ponta a outra do seu ensino é o fim pela "identidade de separação". Ao escrever este sintagma inédito, "identidade de separação", Soler afirma que, embora não seja de Lacan, essa expressão é fiel à tese lacaniana de que a identidade visada no final da experiência psicanalítica é uma identidade que não passa por nenhuma identificação, é uma identidade que não toma emprestado qualquer traço do Outro do discurso, diferentemente do que Soler denomina de identidades de alienação, aquelas que passam por uma identificação.

Identidade como o contrário de extravio e separação, como o contrário de sujeição, o que vem se articular com as disparidades, que singularizam (em última instância, o Um), em contrapartida às paridades, que visam homogeneizar, apagar as diferenças.

O percurso trilhado por Colette Soler é extenso, percorrendo, como lhe é habitual, a lógica contida no ensino de Lacan, fazendo desta sua demonstração, sempre acompanhada de ricos comentários que contextualizam e atualizam a teoria e clínica analíticas inseridas numa dimensão histórica e social. Portanto, temas muito atuais, como a relação dos sujeitos contemporâneos com o capitalismo, assim como o problema da segregação, não são esquecidos pela autora.

Assim, acompanhamos o desdobrar do tema da identidade como se poderia supor necessário, passando pelo conceito de identificação, que é esmiuçado em sua multiplicidade de aparições na obra de Freud e no ensino de Lacan, particularmente em suas vertentes imaginárias, simbólicas e reais, e chegando por fim ao último momento do curso de Soler, a identificação com o sintoma.

Vale apontar que traduzir e estudar *Rumo à identidade* trouxe ao nosso cartel experiências vivas no trabalho com a letra. Buscou-se traduzir de forma cuidadosa e criteriosa as ideias ali dispostas para preservar ao máximo o sentido original. Mas não só isso esse trabalho nos acrescentou. A coincidência do tema do cartel com o tema estudado no Campo Psicanalítico de Salvador e no Fórum do Campo Lacaniano de Salvador, em 2017, propiciou também que o estudo realizado no cartel contribuísse para que diversas produções de cada membro estivessem presentes em intervenções ao longo desse ano, na Jornada de Cartéis e nos seminários do Fórum do Campo Lacaniano de Salvador e do Campo Psicanalítico de Salvador, na Redepião (Rede de Estudos e Pesquisas em Psicanálise e Criança do Campo Psicanalítico de Salvador) e na Coletânea Identificação e Identidade, publicada pelo Campo Psicanalítico de Salvador em 2017, assim como no Simpósio Sexuação e Identidades e no Encontro Nacional da EPFCL – Brasil.

É com muita alegria que concretizamos, em parceria com a Aller, o projeto de publicar *Rumo à identidade*, desejosas de que cada leitor, praticante ou amante da psicanálise, desfrute ao máximo de mais esta brilhante contribuição de Colette Soler.

> Andréa Hortélio Fernandes
> Andréa Lima
> Ida Freitas
> Sonia Campos Magalhães (tradução e revisão)
> Vera Edington mais-um (revisão da revisão da revisão e mais ainda...)

12 de novembro de 2014

Os dois termos do nosso título deste ano, *Identidade e identificação*, não têm a mesma presença na literatura analítica, entretanto, no discurso comum, eles estão bem presentes, sendo mesmo familiares. Isso já é um índice de que o discurso analítico aborda a questão de modo específico.

Contexto analítico

O termo identificação é introduzido desde a origem por Freud e é aí insistente, tendo sido até mesmo convocado para definir a mudança de final de análise na IPA, com a noção de identificação com o analista, a respeito da qual Lacan tanto se indignou. Não somente o termo está aí desde a origem da psicanálise como também está proliferando. Quantos tipos de identificação não já foram recenseados? Todas as identificações ditas edipianas, com o papai, com a mamãe, e algumas outras em torno, a fratria notadamente, e depois as identificações do rapaz com a sua turma de companheiros, da menina com a colega, em seguida, de forma mais teórica, as três identificações de Freud em "Psicologia das massas e análise do eu", e as identificações pelo sintoma, e depois, em Lacan, identificação com a imagem do espelho, identificação com o I(A), identificação com o significante todo-poderoso da demanda, identificação com o desejo, as identificações imediatas da psicose, que levam a outras, estas mediatizadas, a identificação com o *phallus*, a identificação com o objeto e outras que, certamente, esqueço. Não será, portanto, inútil em nosso percurso definir o que são as identificações, as funções que elas preenchem, mas, sobretudo, apreender qual é a lógica dessa proliferação.

Por outro lado, em contraste, o termo *identidade* quase não está aí. E é bem sensível que muitas vezes os analistas não lhe tenham simpatia e invoquem mesmo, em certas ocasiões, a ausência do termo para concluírem que isso não é um problema analítico, inclusive para afirmarem que a análise desemboca e deve desembocar sobre a não identidade. Pode-se perguntar sobre a razão desta reserva? Seria porque, na sociedade, a identidade é de início uma questão de controle social e, portanto, de polícia, aquela que só tem uma palavra de fato: "seus documentos"? Documentos que lhes asseguram a identidade de cidadão e, na falta, sabe-se o quanto o "sem documentos" é um suspeito por definição. Mas, de fato, não se vê que todo discurso, na medida em que ele instaura um laço social, ou seja, uma ordem, ele faz uma operação homóloga? Quero dizer que eles nos pedem algo como equivalente a documentos. Na universidade, são os diplomas que fixam a identidade de diplomado. Mesmo na psicanálise, ainda que tudo aí se passe em palavras, sem atestado escrito, e que, além disso, não se seja obrigado a fazê-los aparecer, na psicanálise, pois, desde que falamos de um umbral de entrada, não se pode dizer que uma identidade, digamos, de analisando é aí exigida? E, depois, existe a questão da histérica: "mostre que você é um homem". Não é do mesmo gênero, porque cada discurso lhes demanda, de fato, mostrar a "pata branca"[1]?

Então, por que esta reserva dos analistas? E eu me refiro aí à corrente lacaniana. Seria porque, não encontrando a palavra identidade, eles, na ausência da coisa, concluem pela ausência da questão da identidade? Evidentemente, a palavra e a coisa, é uma fórmula litigiosa, toda uma literatura é aí retrazida porque se pode dizer, como Lacan o fez, que a palavra faz a coisa ou que só há fato quando dito, como ele disse ainda. Não vou entrar nesse imenso debate, corrijo, portanto, é preciso distinguir a palavra e o tema ao qual ela se refere. Certamente, a palavra em voga na psicanálise é identificação, mas qual é a função ou a visada de uma identificação, seja ela qual for, senão assegurar a identidade? Aí, também, eu posso acrescentar a identidade, seja ela qual for. De repente, é preciso apreender que, sob o problema das identificações, é o tema da identidade que atravessa todo o ensino de Lacan, do começo até o fim.

Quem diz identidade convoca, ao mesmo tempo, a diferença e o idêntico. São quase a mesma palavra. A identidade de vocês os distingue entre todos, de qualquer outro, mas este traço de diferença supõe que vocês permanecem idênticos a vocês mesmos, a despeito de eventuais transformações. Quando Lacan diz que a

---

[1] Nota da tradutora: No original, *patte blanche*, fazendo uma referência à fábula "O lobo, a cabra e os 7 cabritos", de Esopo.

análise visa à diferença absoluta, e sabe-se o franco sucesso dessa fórmula entre nós, o que é esta fórmula senão uma fórmula de identidade radical na sua diferença e na sua estabilidade? Quando ele fala da função da letra do sintoma, a ser distinguida do significante no que ela é a única a ser idêntica a si mesma[2], portanto fora da dialética, não é com uma visada de definir o que pode assegurar a identidade?

Esses dois traços identitários, o traço da diferença e o traço do idêntico, são convocados em todo discurso social cada vez que se busca assegurar-se de uma identidade, e eles determinam práticas sociais específicas para, por exemplo, encontrar características ao mesmo tempo distintivas e infalsificáveis, o que se chamaria de traços particulares sobre as carteiras de identidade. As impressões digitais infalsificáveis, ainda que se possa apagá-las, a frequência das modulações vocais, o DNA verdadeiro infalsificável, diz-se, de fato não são traços de particularidade, mas de singularidade, ou seja, próprios a um e somente um. No mesmo nível, poderia ser divertido informar-se de todas as práticas de falsificação que aparecem na história, com muita inventividade, para dissimular uma identidade, no domínio da espionagem, por exemplo, ou para escapar justamente de buscas policiais. Evidentemente, os traços identitários concernentes a essas práticas são características do organismo, e não

---

[2]LACAN, J. (1974-1975) *O seminário, livro 22: R.S.I.* Aula de 21 de janeiro de 1975. Inédito. Nota da tradutora: Nas citações utilizadas por Colette Soler, recorremos à tradução dos textos de Freud e Lacan em português. Entretanto, algumas alterações foram feitas para nos mantermos fiéis ao texto da autora.

características dos sujeitos enquanto tais. Só as evoco para ressaltar, por analogia, que a identificação assegurada de um indivíduo, a se distinguir do sujeito, passa por traços discriminantes. Evidentemente, quando eu evoco os esforços para identificar as identidades, a questão não se coloca senão no seio de um laço social, onde está, digamos, o Outro social, que busca identificar os indivíduos por procedimentos específicos, hoje em dia, científicos, pois os indivíduos podem ter razões para dissimular sua identidade, para protegê-la — "proteção de dados pessoais", diz-se agora. A questão se coloca diferentemente na psicanálise, mas no fundo, para resumir, não se pode identificar uma identidade, ou seja, apreender a unicidade de sua diferença sem o que se pode, muito bem, chamar de Um e infalsificável. Então, o que é isso para os sujeitos da psicanálise?

Consciência de identidade

A psicanálise tem a ver com sujeitos que falam, e o que ela não pode deixar de encontrar neles, em primeiro lugar, é o fenômeno da consciência de si, que engloba o nome próprio e a memória com os diferentes tempos da vida, quaisquer que sejam as mudanças que eles tragam. Esta consciência de si é, portanto, inevitavelmente solidária com um sentimento de identidade que não demanda fundamentos e que não questiona. Vê-se, mesmo, às vezes, que sujeitos percebem fortemente, em certas circunstâncias, a impossibilidade em que cada um se encontra de se desgarrar de si, inclusive a estranheza de ser ele mesmo, fixado a um corpo que o localiza no espaço — eis porque, sem dúvida, se pode sonhar com a invisibilidade e a ubiquidade — e com uma memória que o situa no tempo. Certamente, Lacan fez muito para estabelecer que essas coordenadas da percepção temporal e espacial que condicionam a consciência de si estão subordinadas à linguagem e não são, portanto, simples fenômenos da natureza, mas isso não lhes retira nada de sua evidência existencial. Como, desde então, a identidade própria a cada um pode se tornar uma questão? Como o sentimento de identidade pode ser questionado, e não somente pela psicanálise?

Fora da psicanálise, conhece-se um fenômeno extremo, sem dúvida o mais extremo, a amnésia de identidade, a perda conjunta do nome próprio e do passado personalizado que aí se prende. Lacan se importa com isso[3] porque ela mostra bem que a memória humana não é, simplesmente, a inserção do vivente na realidade, que ela implica, eu cito, "o laço do sujeito com um discurso de onde ele pode ser reprimido, isto é, não saber que esse discurso o implica"[4]. A prova justamente é a amnésia de identidade, que, notavelmente, não faz perder "nenhum benefício do apreendido", mas que suspende o sentimento de identidade, o nome e o sentimento de si, os quais, não obstante, podem ser recuperados sem tratamento orgânico.

Para colocar em questão o sentimento de identidade, há também fenômenos menos extremos, que se destacam mesmo da banalidade. É tudo o que se poderia formular de uma expressão divertida: "eu não sou o que vocês pensam que sou". Dito de outra maneira: todas as

---

[3]LACAN, J. (1967) O engano do sujeito suposto saber. In: *Outros escritos*. Tradução de Vera Ribeiro. Rio de Janeiro: Zahar, 2003.
[4]*Ibid.*, p. 335.

experiências com as quais o sujeito se defronta, no protesto barulhento ou silencioso, os vereditos identitários do Outro, todos os seus "tu és"... isto ou aquilo. Esses fenômenos são particularmente agudos no momento da adolescência por razões fundamentais. Eu chamo vereditos do Outro todos os julgamentos de atribuição que ele aplica ao sujeito e cujos significantes "fazem injúria" ao sujeito, dizia Lacan, a um sujeito que se percebe outro que não aquele que as palavras que lhe são lançadas sobre a realidade, mas sem poder dizer qual outro ele é — daí a aspiração a "se fazer escutar", que ele acredita que resolveria o problema. Assim, a afirmação vinda do Outro, familiar ou social, pode fazer surgir espontaneamente para um sujeito a questão de sua verdadeira identidade. Esse fenômeno se produz eletivamente na adolescência, ainda que não exclusivamente, e se compreende o porquê. É que a adolescência é um tempo no qual o estatuto profissional, familiar, às vezes sexual, que assenta a identidade social de cada um, está em suspenso. Não é preciso, às vezes, mais que isso para motivar uma demanda feita a um analista, que, por definição, se ele é analista, visa mais além dos vereditos e das normas do Outro.

Se o que a psicanálise chamou de o eu é o conjunto das imagens, imagem do corpo inclusive, e de significantes que identificam o indivíduo social ou socializado, logo se concebe que o que Lacan chama de sujeito é a parte do ser que não é identificada, não identificada por essas imagens e esses significantes. Dizendo significante, eu faço certamente um desvio, mas existe o que quer que seja do ser social — quer se trate de seu sexo, de sua família, da escola, da profissão etc. — que não passe por significantes? O que é, então, do sujeito que não é identificado e, no entanto, está aí como unidade de todos os traços identificantes? Não é o que, em outros lugares, se chama alma? Eu escutava no rádio François Cheng, que estava sendo entrevistado a cada dia durante uma semana neste fim de outubro, evocar a alma e o encontro das almas como o encontro do que faz com que cada um seja único, inefavelmente único, com certeza. Não falamos de almas na psicanálise, mas de sujeitos.

A Identidade colocada em questão

A construção da estrutura do sujeito por Lacan é complexa, ela lhe exigiu anos, mas do que se trata é tão simples quanto o que acabo de dizer e não está em jogo somente no discurso analítico; aliás, o termo sujeito não vem da religião, mas da filosofia.

O próprio da psicanálise é que ela começa com o questionamento da consciência identitária e pela questão dita do sujeito. Eu indiquei que essa questão estava presente no discurso comum, mas como é que ela é aí tratada, além de ser largamente desconhecida? Pode-se dizer que cada um está convidado a coincidir o mais possível com sua identidade social, sugere-se mesmo, fortemente, a ele que tenha responsabilidade sobre si mesmo, porque estamos na época da resiliência e do *self-made man*. Duas noções de sucesso que nos prescrevem: uma, a de minimizar as contingências e acidentes da história, e a outra, o destino, que nos faz herdeiros. A psicanálise faz o inverso: de início, ela convida aquele que consulta a colocar em questão seu sentimento de identidade, se isso já não foi feito pelo acaso das circunstâncias. Repete-se, muitas vezes, que recebemos aqueles que sofrem. Seria preciso acabar com essa besteira. Certamente, aqueles que recebemos sofrem, mas quem, aliás, não sofre? O sofrimento não basta para fazer a entrada no discurso analítico. Se há um umbral a transpor, como dizemos e como Freud também o disse, ainda que em outros termos, é porque aquele que sofre fala como sujeito da consciência, que conhece suas dificuldades e seus sofrimentos e que demanda ao analista organizá-los. Como transformar um sofredor que sabe que sofre em um sujeito que não sabe, um sujeito suposto àquilo que causa seus sofrimentos, suposto a título de não sabido, no sentido matemático do termo? Lacan evocou o não sabido de uma equação, x, da qual será preciso achar a solução. Fala-se também de uma questão que espera resposta. Ora, aquele que se apresenta não é suposto, ele está aí diante de vocês. E como transformar o sujeito em falta de identidade, possivelmente, portanto, em busca de identidade?

A história da psicanálise fornece um belo exemplo: Dora. Hoje em dia, ter-se-ia dito: uma adolescente; ela tem dezoito anos em uma época em que a maioria era bastante tardia. Uma adolescente que provoca confusão na família. É o caso. Levam-na, então, a Freud e ela começa por sustentar sua causa, sua indignação em face da ligação de seu pai com a Senhora K; é o discurso do bom direito ultrajado. Uma bela descrição do que acontece por debaixo dos panos de uma família burguesa, sem dúvida, mas sem a menor sombra de sujeito suposto, e isso não favorece fazer uma análise. Freud consegue, então, fazê-la ver que ela nem sempre se queixou disso e que foi mesmo, durante muito tempo, cúmplice ativa de tudo isso. Ela não diz não, ela o reconhece sem poder explicar. E eis aí um pequeno enigma, pelo menos uma questão, e a estranha cumplicidade se torna o significante do sujeito suposto às contradições de sua conduta. Sabe-se a sequência. Depois do brilhante começo, interpelado — "que tem o senhor a dizer sobre isto, professor?" —, Freud provoca, ele mesmo, a parada do tratamento, é o que eu chamo uma "verdadeira interrupção" e é o que há de mais demonstrativo no caso: o tratamento se detém porque, apenas surgida a questão, Freud tentou situar aí um fim, dando a resposta, felicitando-se, inclusive, de revelar a Dora que ela ama a Senhora K. A réplica de Dora não se faz esperar: não saiu grande coisa daí, ela diz, e se vai. O problema não é que a interpretação seja verdadeira ou falsa, mas que ela saturava a questão do sujeito. Sabe-se, aliás, o quanto Freud se atormentou durante anos por esse fracasso, retornando a ele muitas vezes, e sem dúvida que sua própria posição em relação ao mistério feminino não estava aí por nada, ele que queria, e Lacan o observou, que sua noiva lhe dissesse... tudo. Fico por aqui.

Da mesma forma, um sintoma reconhecido como tal, mas sobretudo um sonho, precisamente porque ele é enigma por definição, pode levar à entrada em análise. Isso quer dizer que, à entrada, a transferência não se situa senão a partir da emergência da suposição de um sujeito não identificado, e é o que é preciso convocar no paciente, contra o discurso comum e, notadamente, contra o discurso do cuidar, do *care*, que a mascara.

O trajeto de uma psicanálise se esboça, portanto, claramente: no começo, a questão, no fim, a resposta a ser produzida; no começo, o sujeito não identificado, no fim, espera-se a identidade do sujeito. Poder-se-ia acreditar que o ensino de Lacan segue um trajeto homólogo: no começo, a teoria do sujeito como não sabido, suposto ao inconsciente freudiano; no fim, a ênfase sobre a identidade de gozo. De fato, antes mesmo de "Função e campo da fala e da linguagem", a identidade em questão estava lá, com sua primeira contribuição original na psicanálise, "O estádio do espelho", em 1939. O texto se perdeu, resta o de 1946. Antes, há sua tese sobre Aimée, mas que não fala da psicanálise, e também "Os complexos familiares", texto muito interessante, mas que permanece na psicanálise classicamente freudiana. Aliás, o próprio Lacan não o situou no que ele chama "Meus antecedentes", e isso não é por acaso.

Seu estádio do espelho descreve uma primeira identificação com a imagem de si no espelho. O que esta é suposta a realizar senão assegurar uma primeira identidade pela forma do corpo, identidade oferecida, inclusive, à apreciação daquele que a olha? Dessa identidade imaginária do eu, Lacan fez uma crítica enfatizando seu caráter alienante, princípio de desconhecimento, desconhecimento do não sabido que é o sujeito que fala. Por outro lado, é certo que no final ele insiste sobre o que faz identidade, quer seja o objeto ou o sintoma. No entanto, a homologia entre trajetória da análise e trajetória das elaborações de Lacan não é senão aparente, porque, desde o início, ele marcou, passo a passo, a necessidade de um fim da análise pela identidade.

A visada da identidade constitui, nas várias etapas de seu ensino, o que chamei uma invariante, sob fórmulas diversas. Mas não é qualquer identidade. É a que chamei de uma "identidade de separação". A expressão não é de Lacan, mas exprime sua tese e designa, precisamente, uma identidade que não passa por uma identificação que tome emprestado qualquer traço do Outro. Vejamos isso passo a passo.

Rumo à identidade

Começo pelo fim, pela fórmula que provocou tanta surpresa, o fim pela "identificação com o sintoma". Era a resposta irônica do pastor à pastora[5], a pastora IPA, que falava de identificação com o analista. Vista hoje em dia, essa noção parece bastante estranha, e tal identificação com o analista, quando se acredita poder diagnosticá-la, é sempre pensada como sinal de fracasso. A expressão identificação com o sintoma pode surpreender, inclusive parecer paradoxal, porque o sintoma é o nome comum do que a análise é suposta de poder curar.

Mas eu observo que ela, além disso, causou estupefação em uma grande parte dos analistas da EFP, que, quando não a rejeitavam pura e simplesmente, viram nela uma grande novidade. É verdade que os anos 1970-1975 estão, em Lacan, sob o signo da mudança: novo esquematismo borromeano e, com ele, novos avanços clínicos, desvalorização da hegemonia do simbólico, reavaliação do real, redefinição do sintoma, que não é mais pensado como o problema, mas como a solução da não relação sexual etc. Mas até onde essa inversão das perspectivas muda o que

---

[5]Nota da tradutora: Em francês, *la réponse du berger à la bergère*, expressão utilizada para encerrar uma discussão sem possibilidade de retorno; a última palavra.

é preciso obter ao final de uma análise? Eu enfatizei: as fórmulas de Lacan mudam, o dizer não muda. Trata-se, de ponta a ponta, de obter uma identidade que não tome nada de empréstimo ao Outro do discurso, como o fazem todas as identidades que passam por uma identificação e que eu chamei de identidades de alienação.

Este dizer sobre o fim pela identidade de separação é generalizável. Não há outro dizer de Lacan concernente ao término e ao resultado da metamorfose analítica. Isso vai da identidade inefável, afirmada desde 1949, até aquela que a letra de gozo do sintoma arrebata ao inefável, a letra sendo a única na linguagem a ser idêntica a si mesma, passando pela palavra plena, que permite ao sujeito tornar-se "idêntico a si mesmo"[6] pela destituição subjetiva. Eu retomarei posteriormente a demonstração, mas enfatizo que, de uma ponta a outra, o que se constrói no ensino de Lacan é o fim pela identidade de separação.

Identidade é o contrário de extravio; separação é o contrário de sujeição. É surpreendente ver a que ponto Lacan produziu mal-entendidos e foi mal compreendido por seus primeiros alunos. Estes montaram em *pathos* e, de repente, em ideal, sucessivamente, a falta, a castração, o desser (*désêtre*), a destituição, sem esquecer, certamente, o não saber e a não identidade. Daí a estupefação quando eles viram aparecer a identificação com o sintoma, que, no entanto, trazia apenas o ponto de basta a uma tese presente desde o começo, ainda que em termos

---

[6]LACAN, J. (1955) Variantes do tratamento-padrão. In: *Escritos*. Tradução de Vera Ribeiro. Rio de Janeiro: Zahar, 1998, p. 353.

diferentes — porque, para chegar a esta última formulação, seria preciso, evidentemente, uma redefinição prévia da função do sintoma. Desse mal-entendido, o próprio Lacan fez o diagnóstico, evocando os analistas que não "se autorizam senão de seus extravios"[7].

De fato, o que eu chamo aqui de mal-entendido, no sentido próprio do termo, Lacan, a despeito de si mesmo, é o primeiro responsável por isso. É a sua definição de sujeito que está na origem desse mal-entendido, na falta de justificá-lo. É o grande avanço de Lacan, caminhando sobre os traços de Freud, ter apreendido que a existência do inconsciente observado na prática freudiana implicava uma subversão da noção clássica de sujeito, subversão depositada na noção de "sujeito dividido", que Lacan passou quase vinte anos para construir, em oposição ao sujeito da consciência psicológica e ao sujeito da filosofia, que não é pensado como um sujeito dividido. Contra o sujeito epistêmico, do qual Immanuel Kant pôde dizer "o *eu penso* deve poder acompanhar todas as minhas representações", contra o da fenomenologia, e mesmo, eu penso, contrário àquele do *cogito* cartesiano, ao qual Lacan refere, no entanto, o sujeito da psicanálise — o que, certamente, exigiria algumas explicações. É contra as pseudoevidências da psicologia e da filosofia que Lacan tem a ver ao construir a estrutura do sujeito que fala em análise, uma análise em que se verifica que há um inconsciente, o qual pensa sem ele, ali onde ele não é este sujeito da consciência de si que eu evocava.

---

[7] Ver LACAN, J. (1975) Talvez em Vincennes... In: *Outros escritos*. Tradução de Vera Ribeiro. Rio de Janeiro: Zahar, p. 318.

Lacan passou anos, eu diria, a enfrentar a urgência, isto é, a explicar que aquele que diz "eu" (*je*) não é Um; a ensinar que é preciso aprender que ele é, eu cito, "ao menos dois" e que, bem longe de ser idêntico a si mesmo, há, no mínimo, ele e seu inconsciente, os significantes pelos quais ele se faz representar e aqueles de seu inconsciente, que ele vai decifrar. Era uma urgência em razão do que se tinha tornado a psicanálise depois da guerra, desde que Anna Freud havia importado o cognitivismo antes da hora, como me expressei. Ela o faz trazendo para o primeiro plano a consideração desse eu e postulando que esse eu é dotado de aparelhos do conhecimento disjuntos da libido, portanto, autônomos. Era a própria hipótese cognitivista, porém *avant la lettre*.

A respeito da questão "por que o mal-entendido?", eu respondo: porque ele teve êxito em fazer passar sua concepção do sujeito subvertido da psicanálise, que é um sujeito "sem identidade", e é assim, aliás, que Serge Leclaire o formulava em 1979, no último Congresso da EFP sobre o passe, e Lacan não disse não, salvo que isso só é verdade sobre o sujeito enquanto suposto à linguagem, mas não o sujeito que o próprio Lacan qualificou, mais tarde, de real em *R.S.I.*

DOIS

26 de novembro de 2014

Na aula anterior, eu introduzi a questão do ano pelo seu contexto no movimento analítico, sendo o elemento maior desse contexto a teoria do sujeito da psicanálise elaborada por Lacan, de fato, um sujeito não identificado, inclusive não identificável. Daí, como supus, as prevenções dos lacanianos em relação ao que se nomeia identidade. Quero agora colocar a questão em outro contexto: o do discurso comum atual no regime capitalista. Acredito que seja necessário me deter nesse contexto porque há efeitos e uma incidência sobre a questão que nos ocupa. Essa incidência só é parcialmente determinante para a psicanálise porque, segundo esta, o que está no fundamento da identidade e das identificações não é capitalismo, é o estatuto do que chamamos o sujeito. Chegarei aí, é o que me interessa, mas será preciso que eu me questione, de início, em que e até onde o capitalismo muda os sujeitos de hoje. A questão não vem de mim, ela já foi colocada, e diversas vozes se expressaram para dizer que o capitalismo os torna inanalisáveis.

"Apalavrado" com o capitalismo

O capitalismo, que não estaria aí sem a ciência, transformou o que se chama o mundo. Ele modificou radicalmente e continua a modificar os meios de produção — é disso, portanto, que Marx faz seu objeto. Ele subverte, inclusive, a economia biológica do planeta, o que se chama natureza, porém, mais importante para nós, ele modifica também as subjetividades. As subjetividades, entenda-se o falante consciente de si e de seu lugar em uma sociedade, são, desde sempre, históricas. E hoje está claro que o discurso que se desenvolve na economia capitalista impregna os indivíduos inseridos nessa economia. Isso não significa que os sujeitos do capitalismo são sujeitos novos, os sujeitos seguem, simplesmente, a evolução da ordem na qual eles estão situados, enquanto sujeito psicológico e social, o que não é uma novidade: desde sempre, o sujeito psicológico e social foi solidário com o discurso de seu tempo. É, aliás, o que se chama adaptação, as subjetividades se ajustam às exigências do laço social, que ordena todos os hábitos do corpo (alimentação, posturas relacionais, vestimentas, moda, gestão da violência e, mesmo, do sexo) e também todo o pensamento, com seus preconceitos e valores históricos. Freud não dizia outra coisa quando afirmava, em "O eu e o isso", que o eu, que não é, para ele, o todo do indivíduo, se forma por identificação com as autoridades familiares e sociais. Portanto, não temos novos sujeitos, temos um novo discurso ao qual os sujeitos se adaptam do íntimo, se posso dizer, como foi sempre o caso. Lacan o diz lindamente: o sujeito que fala é um sujeito *"apparolé"*, é um sujeito apalavrado com o discurso no qual ele se aloja. Que dizer sobre isso? A ordem do discurso precedendo-os, os sujeitos falam a linguagem e a língua de seu tempo. Isso não significa simplesmente que eles recebem daí o blá-blá-blá, o léxico, a sintaxe e os temas, isso vai muito mais longe, porque língua e linguagem têm efeitos reais: elas presidem a regulamentação do que não é do verbo, mas do vivente, dito de outro modo, as modalidades de gozo ordenadas por cada discurso. O que Lacan construiu e nomeou discurso enlaça a estrutura da linguagem e seus efeitos sobre o que não é da linguagem, o vivente, portanto. Nada de novo em relação a isso.

Além disso, pode-se abrir o capítulo dos efeitos subjetivos do capitalismo atual sobre os sujeitos que aí se "apalavram". Eles são patentes. Não é apenas que, nos relatos de que o capitalismo precisa para funcionar, o humano seja reduzido à mercadoria, ao objeto de troca, mas, sim, que, a partir daí, se torne "capital humano", ou dos "recursos humanos". Um P-DG de TF1[1], em 2004, se vangloriava de "vender tempo de cérebro humano disponível". Tudo isso é patente, porém, mais ainda, é que o valor dinheiro tem agora o lugar mais alto nos julgamentos íntimos da maioria dos indivíduos; e de repente, a pobreza dos pobres se duplica mais que nunca pela vergonha destes em ser assim. Quanto à rentabilidade, valor econômico, ela se tornou um valor individual, uma espécie de supereu pessoal que incita a realizar muito

---

[1] Nota da tradutora: Na França, P-DG — *Président-directeur général* — é o dirigente no mais alto nível em uma sociedade anônima. TF1 é um canal privado de televisão na França controlado pelo TF1 Group.

no mínimo de tempo. As subjetividades de nosso tempo se tornaram gerentes de si mesmas. Isso se fala nestes termos: eu não consigo gerir (administrar) este sentimento, meu parceiro, minha família, meu corpo, minha sexualidade etc. É como se cada um fosse impulsionado a funcionar como uma espécie de autoempresa, com um plano de ação para adquirir competências, depois fazer frutificar sua "empregabilidade", gerir suas capacidades profissionais. Assim, as disposições psicológicas emocionais e relacionais — em resumo, o conjunto do caráter — são tratadas como meios mercantis. E os *coachs* de todo tipo devem zelar por seus rendimentos. Eu acrescento que, sendo o cálculo do tempo indissociável da rentabilidade, o tempo das agendas se adapta às normas do mercado e da competição[2]. Todos se queixam, mas ninguém escapa disso.

Identidade e laço social

Ora, nesse contexto do capitalismo contemporâneo, a identidade se tornou um problema, um assunto sujeito à polêmica, e, sem dúvida, isso se enlaça com o fato de que, durante este ano, nós, analistas, coloquemos essa questão para a psicanálise. De fato, o que me incitou a enfatizar o efeito de contexto neste começo de ano foi uma sugestão que me foi feita por um excelente colega que me pediu para falar sobre o tema "identidade e segregação". Este tema não vem da psicanálise, mas da época, certamente, ainda que a psicanálise tenha o que dizer sobre isso. Ele se

---

[2]BASCHET, Jérome. *Adieux au capitalisme*. Paris: La découverte, 2014.

insere em uma questão mais ampla: qual é a relação que há entre as identidades dos indivíduos e o laço social? Na realidade, eu disse, no laço social, cada um é sempre já identificado pelo Outro, isto é, sempre fixado sob índices identitários. Escutem como se comentam no rádio fatos diversos, por exemplo: é uma mulher de quarenta e cinco anos, mãe de três filhos, sem profissão etc. É um SDF[3], de sessenta anos, originário de... O discurso apresenta, para cada um, uma espécie de espelho identitário do qual ele não pode sair e que é constituído por uma constelação de significantes, os do sexo, da idade (o corpo, portanto), da origem (a língua, portanto), da família (a história, portanto), da religião (a escolha, portanto), da instrução e da profissão (a competência, portanto) etc. Esses índices provêm do discurso e determinam o que vou chamar de identidade social, aquela que é atribuída. Esta identidade social ou discursiva é uma identidade que eu chamei... de alienação. Tal como ela funciona hoje em dia, produz fenômenos subjetivos específicos.

Vê-se, de início, que cada um aspira a uma identidade. Não foi sempre assim, não só porque o individualismo moderno nem sempre existiu, mas porque as sociedades tradicionais, pouco móveis, marcavam os lugares e os papéis prescritos como de nascimento, e o controle social, que não era sem dúvida menor que em nossos dias, ainda que diferente, inspirava, sobretudo aos indivíduos, um anseio de escapar dali. Aspira-se, portanto, a uma identidade, a se fazer um nome, a se dar um lugar. Esses

---

[3]Nota da tradutora: Na França, SDF significa "sem domicílio fixo".

fenômenos se tornaram agudos em razão do capitalismo, que impulsiona o individualismo ao extremo e que desfaz os laços sociais. Nesse contexto, o indivíduo, que, como disse, está sempre já identificado, é dividido entre anseios contrários. Ele aspira, certamente, a uma identidade, mas que não é uma identidade qualquer. Uma identidade valorizada, passível de valorização, distintiva. São, de fato, duas aspirações contraditórias, que importunam os indivíduos hoje em dia. De um lado, como todo mundo, se aspira à integração pelo conformismo — conhece-se a queixa: não consigo ser como os outros — e, na falta disso, vem o sentimento de anormalidade e a angústia da exclusão. Por outro lado, aspira-se a se distinguir, "o sujeito diz não" à identidade atribuída, eu não sou o que você acredita, ele reivindica uma identidade diferente e, na falta disso, vem o sentimento de ser um qualquer, banal, invisível etc. São fatos comprovados.

Vê-se que a questão identitária é propícia para mostrar efeitos subjetivos do discurso comum. Tive a ideia de que se poderia figurar a relação entre os indivíduos como organismos individuados, e a ordem do discurso, em que sua própria história se situa, pelos Círculos de Euler, que Lacan introduziu no seminário 11; eu a submeto a vocês, ainda que não seja senão uma primeira aproximação, no final, insuficiente. Na interseção entre um círculo representando o Outro e um outro círculo representando o que ele chamava, nesse texto, o ser, Lacan escrevia isto que os dois campos têm, ou podem ter, em comum: o significante e/ou a falta. Através desses dois círculos, eu escrevo, de um lado, o organismo individuado e, de outro, a ordem discursiva, como tesouro dos índices identitários, digamos, dos traços unários da identidade. O indivíduo que aí é tomado se torna sujeito desta identidade de alienação da qual eu falava:

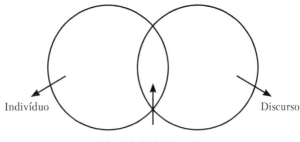

Identidade de alienação

Não é, evidentemente, o todo de sua identidade, daí a insuficiência do esquema, isso salta aos olhos, porque nessa repartição se pode indagar: onde está o inconsciente, o sujeito do inconsciente que interessa à psicanálise?

O inconsciente não é, evidentemente, o secreto; um segredo é um saber dissimulado, subtraído ao Outro, há segredo em cada indivíduo, e não apenas nas contas em bancos secretos, certamente, mas o que é subtraído à troca da fala, mesmo a mais íntima, não tem nada a ver com o inconsciente, que é articulado do mesmo modo que a fala e, no entanto, *"insu"* (não sabido), é o termo adequado. O que se nomeia de privado se divide, portanto, entre o que é dissimulado, o secreto, estes segredos que hoje em dia são perseguidos em nome da transparência, e o que é mais radicalmente não sabido. Mas o importante é que este não sabido está igualmente do lado do discurso, porque dos dois lados há linguagem e efeito de linguagem. Ponto a retornar posteriormente. No momento, volto à lógica da segregação.

A opção segregativa

É a lógica da segregação que supre o laço social quando ele falta. O próprio do laço social, tal como Lacan o definiu, é tratar as diferenças por uma ordem. Eis porque a disparidade, que é tão malvista hoje em dia, é inerente ao laço social; eu desenvolvi isso no ano passado, creio eu. Todos os pares discursivos, mestre/escravo, professor/aluno, histérica/significante mestre, analista/analisando, são marcados pela disparidade. Que é isso em um regime que tende a realizar a paridade dos indivíduos? É o que faz o capitalismo na via marcada pela ciência. Foi a ciência que introduziu o universalismo, ela que, por definição, exclui o que é singular de sua consideração. Dedicando-se em cada um dos seus campos a encontrar o que faz lei, ela forclui o sujeito singular. O capitalismo realiza essa forclusão e a faz passar à realidade do mundo sob a forma da homogeneização, não conhecendo seres, mas sua função na máquina produtiva. Os direitos do homem duplicam no campo ideológico esta homogeneização real. Evidentemente, a globalização da economia não deixa triunfar diferenças e não é certo que ela possa reduzir a variedade das religiões, das línguas, dos costumes, dos gostos, que constituem tantos índices identitários diferentes. De fato, a identidade social é sempre comunitária, quer ela saiba ou não. A palavra é malvista, denuncia-se o comunitarismo, mas é sempre o do outro, porque a identidade é produzida no laço social.

A globalização da economia não obtém sucesso com essas diferenças, mas produziu um efeito novo e, especificamente, criou vizinhanças novas na história, entre indivíduos de culturas diferentes, com identidades sociais diferenciadas, vizinhanças que não existiam quando "não se misturava" (*"on ne se mélangeait pas"*), como diz Lacan. Desde então, um novo cuidado apareceu, que se exprime em toda parte, o da unidade possível dessa diversidade. Vocês ouviram falar de valores da República, que devem ser comuns, traços distintivos a erradicar, véu ou não véu, problema da convivência, do coabitar, problema também da reação dos nacionalismos crescentes contra essas misturas. Estamos nesta configuração de mistura de diferenças irredutíveis, que o capitalismo não ordena em um laço social, mas aos quais ele permite se avizinhar. O resultado é patente: escalada de ódios, intolerâncias religiosas, mais geralmente dos racismos.

É aí que a segregação é convocada, ela se torna o único modo de tratamento das diferenças entre as identidades sociais incompatíveis, mas doravante implantadas sobre o mesmo território e implicadas na mesma economia. Eu disse território, mas isto não é um problema etológico; a gestão dos espaços pela separação dos bairros, o isolamento escolhido ou imposto quanto aos lugares de vida e de atividades, é o último recurso atual para tratar a vivência dessas incompatibilidades. É o que chamei de solução pelos muros, e como vocês sabem, porque um tombou em 1989, quantos outros foram construídos, e não apenas na Faixa de Gaza! A segregação repercute, portanto, as diferenças novas provenientes dos movimentos de emigração, que se acrescentam àquelas, antigas, das classes sociais, com suas desigualdades e a disparidade de seu capital, não apenas financeiro, mas cultural, simbólico, como tão bem Bourdieu colocou à luz.

Atualmente, em nosso espaço dos direitos do homem, com nossos ideais de multiculturalismo e de respeito às diferenças, denuncia-se a segregação. Não foi sempre assim, ela foi, sabe-se perfeitamente, legalizada para os negros da América, por exemplo, e não apenas legalizada, mas justificada, pensada como legítima — o que, numa digressão, se verifica se era necessário que o pensamento estivesse de acordo com o discurso do tempo. Hoje, tenta-se ir contra a segregação, vejam as políticas da cidade, os cálculos arquiteturais para assegurar a mistura social, como se diz. Por que isso não anda? Em todo caso, isso anda muito mal para que não se perceba que os ideais antissegregacionistas dependem do "pensar correto" da época, mas que eles fracassam sobre o que está na raiz comum da segregação, que é subjetiva. Aqueles que partilham as mesmas convicções e os mesmos hábitos de corpo, dito de outra maneira, as identidades homólogas ou afinadas, se juntam, se atraem e, portanto, se separam de outros, daqueles que são apalavrados (*apparolés*) com um outro discurso e que têm outros pontos de vista sobre tudo, ou quase tudo. É assim que a segregação, longe de ser imposta, é escolhida; vejam os belos bairros como resistem aos conjuntos sociais, vejam na América Latina os luxuosos guetos de ricos, com vigilância armada às vezes. Mais provável, ainda, vejam como aqueles mesmos que professam ideais antissegregacionistas e o respeito às diferenças estão, geralmente, no que se pode chamar mentira da conduta, porque respeitar as diferenças não é amá-las, e isso se vê em todos os níveis. Vejam como, em uma festa, se escolhe a mesa, como os mais bem-intencionados agem quando se trata, por exemplo, de escolher suas moradias, seus bairros e, sobretudo, a escola de seus filhos.

Aí, fim do pensar correto, a verdade da opção segregativa se mostra abertamente. Eis porque, sem dúvida, as classes mais conservadoras zombam dos ditos *bobos* (burguês boêmio), porque estes *bobos* avançam sempre com um *beau-bo*[4] discurso que a conduta não confirma na maioria das vezes.

Então, de onde vem, finalmente, a opção segregativa, desde que as línguas, as religiões, em resumo, as culturas, são levadas a se misturarem? Lacan dá a chave quando fala do "racismo de discursos em ação" em "Televisão". Os discursos, como laço social, ordenam os gozos, fabricam, pois, raças de gozo. As raças, o que se chama de raças, não são um fato da natureza, mas o fruto do discurso. Há certas cores de pele e de características de corpo diferentes sobre o planeta, mas quando se diz "o homem africano", por exemplo, é um nome que implica uma multiplicidade de conotações discursivas para designar, no final, uma heterogeneidade de gozo socialmente ordenado. Poder-se-ia dizer a mesma coisa dos sintomas de gozo individuais: eles presidem as afinidades e as aversões. Escuta-se dizer, muitas vezes, pelos analistas que só o simbólico pode pacificar esses fenômenos da rejeição do outro e de sua diferença. Será este o caso? Não, certamente. No interior de um discurso, o semblante pode colocar ordem, é verdade, ele bem que permitiu, por exemplo, que mestre e escravo, que homem e mulher se avizinhassem mais ou menos em paz, graças ao "apalavramento" dos sujeitos, mas ele não coloca ordem entre os discursos, é justo

---

[4] Nota da tradutora: A expressão joga com a homofonia entre "bobo" e a junção de *beau* (belo) e *bo*, que em francês remete a boêmio burguês.

o contrário: racismo. Quando muito, eles podem esclarecer um ao outro.

Não todo "apalavrado" com o capitalismo

Vou terminar a respeito desse contexto capitalista. Não há dúvida de que os efeitos do capitalismo deixam os indivíduos inseguros, e não apenas no nível do trabalho. O capitalismo torna as identidades sociais precárias e, como consequência, faz aumentar a fúria identitária, *inflamar* as competições identitárias e os racismos.

Questão: quais são as consequências para a psicanálise?

Será preciso se alarmar ou confiar no futuro? A confiança vale o que valem os seus fundamentos. Há uma indicação de Lacan em "Televisão" sobre esse assunto: tendo Freud dito que confiava na sexologia, mas que era uma confiança gratuita, isto é, não fundamentada sobre um saber, Lacan comenta tal observação dizendo que isso diz bastante sobre sua ética. Eu me questionei sobre o seguinte fato: Lacan, que não era especialmente otimista, em uma quase vidência, predisse muito sobre o que se realiza sob nossos olhos, notadamente a ascensão das segregações, dos racismos e também da religião. O próprio Lacan, que, sobre isso, produziu inclusive a estrutura do capitalismo, declarou que não pensava que os *gadgets* do capitalismo o impulsionariam; dito de outro modo, que o capitalismo conseguiria nos tornar, a todos, inteiramente "apalavrados" com sua ordem. O que é que pode fundamentar uma tal confiança se ela não vem de uma disposição pessoal para o otimismo? Tenho toda razão em pensar que ela estava fundamentada na sua concepção do sujeito. O sujeito que fala, e que acabo de dizer "apalavrado" com o estado do laço social para dizer que ele fala a linguagem própria do discurso do seu tempo e do seu lugar, bem, este sujeito não está de todo "apalavrado" com o discurso. Ele está dividido entre o que levei em conta de sua identidade social e o que é subtraído dessa identidade social. Essa divisão não é histórica, mas estrutural, e ela não provém do capitalismo, que não muda nada disso.

Aqui, a título de transição em direção à questão do sujeito, uma olhadela em direção a Freud. Em "Psicologia das massas e análise do eu", ele insistiu, sobretudo, no fato de que a coesão de um grupo, que repousa, segundo ele, sobre dois grandes tipos de identificação, tinha como efeito modificar as subjetividades. Notadamente, reduzir a ambivalência dos sentimentos fabricando a "fraternidade" entre os membros do grupo, sentimento que é, geralmente, bem-visto em filmes de guerra, especialmente americanos, que são prolixos sobre esse ponto. O sujeito "apalavrado" com a massa leva a fraternidade a seus extremos. Mas Freud enfatizou que é ao preço de outra mudança dos indivíduos, aquela da perda, para cada um, de sua especificidade, digamos, da singularidade de seus afetos, mas, sobretudo, de seu pensamento. O grupo fabrica o mesmo ao preço das diferenças, é um tema que está na moda. Esse mesmo, notem, é o mesmo comunitário, o que chamo de identidade social. Mas, se Freud enfatiza a perda da identidade no grupo — o tema, aliás, já estava lá na cultura quando Freud a ele se refere —, é justamente porque, tendo descoberto o inconsciente, ele teve a ideia de uma possível identidade singular, que não seria senão pelo desejo inconsciente próprio a cada um.

Isso para marcar que a questão do laço entre identidade e segregação só se escuta no nível da identidade de alienação, social, relativa a um laço social, porque, em relação a uma identidade verdadeira, única, se ela existe, aquela que eu chamei de separação, ela não tem laço intrínseco com a questão da segregação social. Ao contrário, ela introduzirá um outro problema, inverso, aquele de saber como os "dispersos disparatados", com sua diferença absoluta, se mantêm no laço social.

TRÊS

17 de dezembro de 2014

Vou entrar na questão da identificação do ponto de vista analítico através de considerações sobre o sujeito tal como Lacan o redefiniu. É um sujeito cuja identidade está em questão, daí a mudança de nossa posição em relação à problemática comum. Ora, eu o lembro, aqueles que nós recebemos não são sem identidade, ao contrário, eles sucumbem sob os índices identitários, que são todas as coordenadas, sexuais, familiares, profissionais, que definem uma pessoa em toda sociedade; essas coordenadas os colocam do lado da norma ou da atipia. Atualmente, pode-se mesmo observar que aquilo que outrora se chamava de sintomas ou anomalias agora se tornaram categorias identificantes. Temos, assim, os anoréxicos, os suicidas, os Aspergers, os esquizos, os adictos, os alcoólicos, os drogados diversos, paro por aqui. Evoquei, na última vez, a tensão e, inclusive, os conflitos possíveis entre a identidade que lhes é atribuída pelo Outro, pela voz de todos estes outros que podem falar sobre vocês, e a consciência própria de identidade, que é, às vezes, pouco assegurada de si mesma. Mas, em todos os casos, o analisando potencial que chega não é um sem identidade e, até mesmo, tem uma certa consciência de identidade. É precisamente por isso, aliás, que na entrada em análise ele trata de colocá-la em questão, enquanto toda a intenção psicoterapêutica visa o contrário, isto é, visa assegurá-la, reforçá-la, inclusive torná-la aceitável, ou seja, resolver o que se chama os ditos problemas de identidade, suas incertezas, seus conflitos.

Questionamento da identidade

O que é que justifica este *parti pris*, esta posição analítica de questionamento das certezas identitárias? Em termos freudianos, se responderia: nada mais que o inconsciente, este hóspede que parece nos habitar, que nos torna incompreensíveis a nós mesmos e que fabrica toda espécie de sintomas, de condutas e de afetos discordantes em relação às nossas intenções e à nossa consciência de identidade. Foi daí que Lacan construiu sua teoria do sujeito. Ela é nova e não designa o sujeito psicológico da consciência de si, mas o que resulta da presença, nele, de um inconsciente que, evidentemente, é só dele, é um questionamento da identidade que cada um se atribui. O que é, pois, este sujeito redefinido por Lacan e tão difícil de descolar da definição comum de sujeito? E, se ele é novo, por que se terá preservado o mesmo termo: sujeito? É simples. Quando se diz sujeito com Lacan, designa-se o ser enquanto ser que fala, não é o todo do ser, já que ele se apresenta, de início, por seu corpo, isto é, por sua imagem. Mas o sujeito, o ser na medida em que ele fala, portanto, inclui em sua definição, ao mesmo tempo, o sujeito da consciência de si, aquele que chega preocupado com sua imagem, com seu lugar no mundo e que vem falar com vocês, e o sujeito dito do inconsciente, isto é, suposto ao "isso fala" do inconsciente, que fabrica seus sintomas e que é, no entanto, não sabido de si. As ditas psicoterapias não conhecem senão o primeiro, a psicanálise visa o segundo, ainda que seja impossível falar de uma psicanálise sem convocar o sujeito da consciência de si. É o caso quando se fala de retificação subjetiva, isso não concerne ao inconsciente propriamente dito; da mesma forma, quando Freud fala de "acreditar no inconsciente", ou quando ele fala de reencontrar seu inconsciente, que outra coisa seria senão uma tomada de consciência? Quando se diz "realizei que", não é o sujeito do inconsciente que realiza, e quando Lacan situa para o analista o dever de pensar a psicanálise, não é o inconsciente que vai pensá-la etc. É porque o inconsciente é linguagem, isso graças a Freud, que o decifrou como uma linguagem — ainda que seja atribuído a Lacan tê-lo formulado assim —, é porque o inconsciente é linguagem que o mesmo termo vale para o sujeito no sentido banal da consciência de si e também para aquele do inconsciente. É uma evidência maior e primeira para os ditos lacanianos, que, é preciso dizer, não falam mais do eu, termo que traduz o *Ich* de Freud, a primeira instância que ele havia oposto ao inconsciente. Hoje em dia, não se concede mais o peso da novidade, inclusive do choque, dessa contribuição de Lacan. Sua construção do sujeito, a partir do inconsciente-linguagem, reformula, ao mesmo tempo, a segunda tópica de Freud, e ao que ela se substituía em Freud, a saber, sua primeira construção distinguindo o Eu e o inconsciente recalcado. Aliás, até a sua última conferência, em

Caracas, em julho de 1980, Lacan se debruçou sobre o esquema desta segunda tópica.

Entro, então, neste tema do sujeito.

O sujeito representado

O sujeito que fala, consciente e inconsciente, é representado pela cadeia de sua fala articulada. Daí a fórmula bem conhecida que pressupõe a contribuição da linguística: "o significante representa um sujeito para um outro significante". É, de início, uma tese sobre o significante, não é como se ele tivesse dito diretamente que o sujeito é o que é representado pelo significante — ainda que ele tivesse formulado assim em algum momento. O próprio do significante é se relacionar com outros significantes, dos quais ele se distingue, mas dos quais, por esse fato, ele é solidário. É a noção de cadeia significante:

$$\frac{S_1}{S} \to S_2$$

Sua estrutura é aquela de uma binaridade orientada do significante, Lacan falou de "par ordenado", um se distinguindo do outro. Há binaridade, mas representando para o outro, há orientação, ordem. No entanto, dizer que ele representa um sujeito é outra coisa. É dizer que só a ele o significante impõe uma suposição de sujeito, definido como falante. Hieróglifos no deserto, se não são confundidos com os efeitos da erosão natural, nos asseguram de que um sujeito estava lá. Dito de outra maneira, não há significante sem um outro, ou outros, porém, mais ainda, não há significante sem sujeito. É a primeira tese, e é por isso que, desde que o inconsciente-linguagem foi situado, isto é, o inconsciente feito de significantes, se questiona sobre o sujeito do inconsciente, ou seja, o sujeito suposto a esses significantes. A questão é explicitamente formulada em "Subversão do sujeito e dialética do desejo".

O que é este sujeito suposto? O significante não o diz exatamente; representar não é nem qualificar nem identificar. O significante não é senão uma espécie de delegado. Delegado bem depressa recusado, aliás, porque o menor significante o ofende! É o que eu evocava justamente com o "eu não sou esta ou este que você acredita que sou", em que se trata de estrutura muito geral, que não se reduz à denúncia das aparências. Na cadeia significante, o ser do sujeito permanece indeterminado, logo o representado é um indeterminado, um x. Lacan o diz explicitamente, por exemplo, a respeito do sonho, esta formação linguageira do inconsciente.

Essa problemática está presente no que concerne ao *cogito* cartesiano, o suposto ao pensamento. Descartes não diz significante, ele diz pensamento, mas o suposto do "eu penso", se ele pensa, o que quer que seja que ele pense, mesmo se não são senão pensamentos de sonho, é assegurado de ser. E ele demanda logo: "que sou então?". Descartes vai responder: substância pensante. O representante não identifica, e o que é representado pode contestar o representante, é o cotidiano, aliás, da democracia, os cidadãos têm representantes que eles contestam. Na psicanálise, o analisando também contesta os representantes. Apresenta, por exemplo, alguma coisa que vale como significante do sintoma, um S_1, ou melhor, formações do inconsciente, de seu inconsciente, surgem arbitrariamente, sonho, lapsos são S_1 portanto. E ele se pergunta se está aí, em que isso o representa e, interrogando-se sobre o que isso quer dizer, ele busca outros significantes que dariam sentido. Então, na sua fala associativa, corrigindo, acrescentando, ele passa seu tempo, para significar "isso não é isso". Lacan o afirmou: o sujeito "diz não" aos significantes porque estes o ofendem.

O sujeito representado é indeterminado, no entanto, alguma coisa pode estar aí assegurada. Tudo o que se pode saber dele terá a estrutura do significante. "Que posso saber? Resposta: nada que não tenha a estrutura da linguagem"[1]. A linguagem não diz o que é o sujeito, no entanto, ela lhe impõe as suas condições. Dito de outra maneira, sua estrutura determina a do sujeito e de forma precisa: um significante, representando para o outro ou para outros, instaura um esquartejamento entre esses significantes, e Lacan diz "sujeito dividido". Enquanto representado pela linguagem, ele não pode ser um, apenas *"quelque deux"*, "ao menos dois", Lacan descreveu, no seminário 11, um processo dito de alienação que se ajusta perfeitamente à clínica cotidiana, a oscilação entre o enigma dos S_1, aparecidos arbitrariamente, e o sentido a receber. Mas nenhum destes dois polos tem função identificante. Que o significante represente o S indica justamente que ele não o identifica, ele é impróprio à identidade, ele fende o sujeito e o condena a oscilar entre petrificação e sentido, não pode, portanto, fundar identidade alguma.

---

[1]LACAN, J. (1973) Televisão. In: *Outros escritos*. Tradução de Vera Ribeiro. Rio de Janeiro: Zahar, 2003, p. 534.

É preciso colocar, aliás, a mesma questão para a imagem, porque o sujeito definido como o que é presentificado pela linguagem não é, absolutamente, o indivíduo. Esse indivíduo é, de início, representado, e mesmo apresentado por sua imagem e tudo que vai junto. Ela o identifica? Sim, mas desde a época do estádio do espelho, que não é senão um primeiro passo, enfatiza o lado alienante da imagem do eu no espelho, imagem fixa, que satisfaz, que é libidinalizada porque erige a forma, mas sua fixidez coagula e, inclusive, estando aberta à comparação, ela se introduz no registro da competição agressiva própria ao narcisismo e leva Lacan a repensar, a partir daí, a pulsão de morte freudiana. A tese era, então, a da imagem princípio de desconhecimento. É preciso dar todo seu peso a este termo: o sujeito, aquele suposto ao significante, não pode senão se desconhecer em sua imagem, nas imagens constitutivas do eu. Não é sem razão que um dos primeiros seminários de Lacan concernia a *O eu na técnica da psicanálise*, a ideia primeira sendo que não se acede ao sujeito senão afastando o imaginário do eu. Daí, aliás, a elisão do face a face na técnica analítica, para fazer com que o que é do ser não se enderece a vocês senão pelo que ele diz, pela linguagem de seus enunciados associados e também o decifrado na prática freudiana. Lacan chegava até mesmo a fixar, para a análise e para o analista, um objetivo de redução do eu, do prestígio das imagens do eu. Isto se lê claramente no texto "Variantes do tratamento-padrão", escrito para dizer que não há tratamento-padrão porque não há sujeito-padrão. Então, a tese da alienação significante transpõe uma tese homóloga ao nível simbólico. O significante petrifica, tal como a imagem fixava. Salvo que o significante pode dar sentido. Daí uma alternativa que se prende à fenomenologia analisante: ou a petrificação ou o sentido, mas, nos dois casos desta escolha forçada, há vacilação da identidade. À imagem princípio de desconhecimento, Lacan acrescentava aí o significante princípio de extravio. Daí a escritura $. Esses desenvolvimentos são úteis para compreender o que Lacan escreve em sua pequena alocução intitulada "Talvez em Vincennes", na qual ele evoca os analistas "médios", que não se autorizam senão de seu extravio. O problema é, portanto, o seguinte: se o sujeito representado permanece como uma presença suposta, mas indeterminada, o que é então que pode permitir identificá-la o bastante para sair desse extravio?

Entrada do sujeito no real

É tudo o que acabo de sintetizar, que é bem conhecido da maioria, é apenas um apanhado da tese.

O sujeito não é representado apenas pela linguagem, não fazemos teologia negativa; ele é, além disso, produzido como um efeito, efeito real da linguagem, que transforma o organismo. É a hipótese lacaniana formulada no final de *Mais, ainda* e que lembra como o dito sujeito faz o que Lacan nomeia, em sua "Observação sobre o relatório de Daniel Lagache", sua "entrada no real". Percebe-se essa entrada nisto que o suposto à fala, por mais indeterminado que seja, não se mostra inerte. Ele se mexe, ele é "o" que fala, princípio dinâmico, portanto. De onde vem esse dinamismo? Ele se produz pelo encontro entre a linguagem e o que não é linguagem, que, na origem, é a necessidade vital. É o que escreve o primeiro grafo sobre o qual Lacan constrói seu grafo do desejo e da subversão do sujeito.

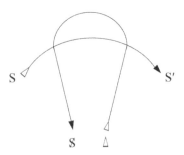

Grafo 1: *Escritos* (1998, p. 819)

Este primeiro grafo mostra que o ser orgânico, escrito pelo pequeno triângulo e do qual o impulso é figurado pela flecha retrógrada, este ser, uma vez passado o seu impulso pela cadeia significante, se torna sujeito, $. Ele passa pela cadeia da linguagem logo que o grito da necessidade se converte em uma demanda articulada. Este $, Lacan o transporta em seguida para o segundo grafo, lá onde estava o ser orgânico no primeiro, ou seja, na origem do trajeto da cadeia retrógrada, que inscrevia impulso da necessidade e que inscreve, a partir daí, o que eu chamei de dinamismo do sujeito. Este dinamismo do sujeito, ou seja, do ser marcado pelo significante, não provém da natureza, mas do efeito da linguagem, que é um efeito de falta. Não desenvolvo esta tese bem conhecida do símbolo como a morte da coisa, do efeito negativizante da linguagem que o *fort-da* ilustra. Essa falta impulsiona a busca, dinamismo portanto, eu poderia dizer uma busca reparadora. Por outro lado, ele herda, pelo menos, uma parte do impulso da necessidade, porque o corpo não fica fora do jogo, ele próprio se torna sujeito às pulsões, que se substituem às necessidades. Quando o grito da necessidade se formula em significantes, por mais elementares que eles sejam, o ser da necessidade se torna sujeito à pulsão. A "Observação sobre o relatório de Daniel Lagache" dá a fórmula correspondente: é preciso que a demanda se junte à necessidade "para que o sujeito faça sua 'entrada no real', enquanto a necessidade se transforma em pulsão"[2]. O sujeito entra, portanto, no real não apenas como suposto à cadeia significante, mas como efeito desta cadeia, que não é cadeia de tagarelice, mas a cadeia da demanda imperativa endereçada ao Outro. A demanda primeira é, portanto, origem do sujeito e da pulsão, e é o real da prematuração do nascimento que está no fundamento de sua prevalência. Ao mesmo tempo em que se faz representar pela cadeia de sua demanda, o sujeito faz, pois, sua "entrada no real" como impulso libidinal, exigência da qual toda a questão é saber o que ele é, porque, enquanto representado, permanece indeterminado.

Função das identificações

O grafo do desejo escreve como o sujeito produzido pelo efeito de linguagem tenta dissolver sua indeterminação identificando-se. É o processo pelo qual o falante se socializa, e isso indica também a função das identificações: aquelas do estádio do espelho eram convocadas como solução para a falta de unidade, as que passam pelo

---

[2]LACAN, J. (1960) Observação sobre o relatório de Daniel Lagache. In: *Escritos*. Tradução de Vera Ribeiro. Rio de Janeiro: Zahar, 1998, p. 661.

significante, quaisquer que sejam, respondem à falta de identidade. A paleta de sua variedade figura sobre o grafo e vou, portanto, nele me deter. Antes disso, no entanto, para situar a perspectiva e não perder de vista a trajetória de conjunto desta questão da identidade do sujeito, enfatizo que Lacan, justamente depois de ter finalizado a construção de seu grafo que figura no artigo de 1958, "Subversão do sujeito e dialética do desejo", começa a fazer a reentrada em 1959, seu seminário *A ética da psicanálise*, no qual ele retoma de Freud o termo *das Ding*, a coisa, outro nome d'*isso* que fala, e Lacan definiu esta coisa: "é o real enquanto padece do significante" – ainda, em outros termos, a hipótese lacaniana –, significante que, segundo seus termos, aí introduz "um vazio, um furo, um *nihil*, uma hiância"[3], a qual nos apresenta seu enigma irredutível. É, portanto, o que do ser tornado sujeito não pode ser representado pelo significante. Desse modo, pode-se dizer que nenhuma das identificações recenseadas previamente no grafo reduziu seu enigma.

Eu disse a função dessas identificações: elas são convocadas pela falta de identidade que elas tamponam ou, de preferência, que elas vestem, sem chegar a fazer o monge, pois, segundo o provérbio, o hábito não faz o monge. É por esse fato que se pode atribuir à análise a tarefa de, cito Lacan, "denunciar" as identificações. Denunciá-las é mais que recenseá-las, é colocar em evidência seu fracasso à medida que são localizadas, ou seja,

---

[3]LACAN, J. (1959-1960) *O seminário, livro 7: a ética da psicanálise*. Tradução de Antonio Quinet. Rio de Janeiro: Zahar, 1988, p.153, aula de 27 de janeiro de 1960.

sua impotência em saturar a questão do "que sou?". As identificações fracassam quanto à questão da identidade, que é aquela mesma que está em jogo em uma análise. Daí a inquietude, muitas vezes expressa, sobre o que vai restar uma vez terminado o despir-se, uma vez posto a nu o sujeito. De fato, como Lacan pôde dizê-lo, uma análise aumenta muito o "desnudamento" do sujeito. Isso não é dizer que as identificações não podem ter funções positivas, e é preciso se perguntar sob quais condições e em que campo, mas, em relação a tudo que se pode colocar na conta do real, as identificações não podem senão mentir. É particularmente límpido a propósito da sexuação. Homem, mulher são significantes, isso não existe na natureza, que só conhece macho, fêmea. São significantes aos quais o discurso, os diversos discursos enlaçam posturas específicas, o que se nomeia como feminilidade e virilidade, cujos modelos são muito claramente culturais, submetidos à história e aos modos sucessivos. A moda, aí, não é somente a da vestimenta, porém, mais globalmente, a dos costumes, que incluem uma repartição de papéis sociais específicos. Daí a ideia primeira de Freud, com seu Édipo das famílias, a saber, que é possível ajustar ao sexo anatômico e legal por um jogo de identificações ditas edipianas, às imagens ideais do pai e da mãe como modelos do homem e da mulher. Nessa veia, Lacan, de início, seguiu Freud. Pude dizer que a metáfora paterna não era uma subversão do Édipo, embora, desde o início, ao substituir a identificação com o falo pelas identificações com o pai e com a mãe como figuras sociais e familiares, ela deslocasse muito as linhas. No entanto, nos dois casos, Édipo de Freud ou metáfora paterna de Lacan, a solução para a questão da identidade sexual passava pelo processo de identificação, dito de outra maneira, por um semblante governando a pantomima dos sexos, com seu alcance inevitavelmente social. Eram duas tentativas para tratar o real do sexo pelo simbólico. No entanto, na hora da verdade, expressão que, em francês, designa, de fato, a hora do real, aquela do reencontro dos corpos, aí onde é à vera, como dizem as crianças, se quereria, certamente, que o ato tivesse "ares de sexo" (*"des airs de sexe"*)[4], mas seria preciso mais que o ar para que, em todo ato, o sujeito junte o Outro e... isso se perde, não se sabe o quanto. Nenhuma das identificações que se esboçam sobre o muro da linguagem dá sua solução real ao real do "não há relação sexual". Certamente, poder-se-ia dizer, talvez, que, afinal de contas, se concede importância demais a este real do sexo, que semblantes bem-ordenados, inclusive as virtudes teologais que Lacan evoca em "A terceira", valem mais, apenas como tratar, pelo desprezo, um real, aquele da não relação, que tem efeitos subjetivos disruptivos dos laços?

---

[4] LACAN, J. (1973) Televisão. In: *Outros escritos*. Tradução de Vera Ribeiro. Rio de Janeiro: Zahar, 2003, p. 538.

QUATRO

7 de janeiro de 2015

Chego, portanto, à questão das identificações, nosso tema do ano, a partir da falta de identidade do que chamamos sujeito. É um efeito da linguagem que o primeiro grafo visualiza, um efeito que o significante representa certamente, mas sem poder suspender sua indeterminação, já que o significante lhe impõe sua própria "fenda". No fundo, o sujeito é um ser que absorveu a falta do Outro, isto é, o efeito negativizante da linguagem. Daí se deduz a função geral das identificações: ela é compensatória, ainda que esta compensação varie segundo os tipos de identificação, porque existem muitos tipos de identificação, e a questão está em saber se esses tipos estão ordenados.

A ordem das identificações

Na sua estrutura, a ser distinguida, portanto, de sua função, a identificação introduz duas questões: com quem ou com que se identifica e através de quê? Sobre a primeira questão, há muitas respostas: com o semelhante, com o Outro, mas qual, com o Pai, com a Mãe, com o chefe etc.? Colocá-las em ordem não seria demais. Quanto ao "através de quê?", existem diversos exemplos já conhecidos: através de um traço, imagem ou significante, é uma das definições do traço unário, mas também por meio de um afeto na identificação participativa da histérica com o sofrimento de um outro, por exemplo, etc. Em todos os casos, é um empréstimo tomado de algum outro, sua imagem, nessa ocasião, sua postura subjetiva e/ou social etc., mas sempre parcial.

Identificar-se nada tem a ver com o mimetismo, bem conhecido no mundo animal, nem com a imitação. A imitação, que é um fazer semelhante, em qualquer nível que seja, a voz, a expressão, a postura etc., nutre para os falantes o registro cômico da paródia; isso marca bem sua diferença. Por que a paródia faz rir? Sem dúvida, porque isso mostra o quanto os humanos estão presos à dimensão do fazer semblante, chegando até a pantomima, dizemos, mais geralmente, do parecer, cuja mola justamente é, finalmente, para eles, sempre o que Lacan nomeou de semblante, a saber, o significante com tudo o que ele engaja do imaginário, imaginarizando-se ele mesmo, ou produzindo efeitos de imagem. O imitador, no entanto, não mudou por sua imitação; uma vez terminada a representação, ele permanece o mesmo. Uma identificação é outra coisa: ela toma de empréstimo ao outro, mas é um empréstimo... constituinte, segundo os termos de Lacan, ou seja, que muda o identificado. Utilizou-se, às vezes, o termo introjeção, Lacan o comentou muito para marcar que a identificação não é um fenômeno de superfície, como podem ser a imitação e o mimetismo. Conhece-se a fórmula "eu é um outro" ("*moi est un autre*"), ou mesmo, "eu é um outro" ("*je est un autre*"). Rimbaud fez uso disso.

Entretanto, é certo também que a mudança introduzida pela identificação não toca o todo do ser identificado. A noção de *garçon manqué*[1] diz isso muito bem, pode-se tomar de empréstimo a silhueta, os comportamentos típicos, os gostos, mas... alguma coisa não acompanha e toca o real do corpo. *Tomboy*[2], para aqueles que viram o filme, permite observar isso. É o que faz ser tão estranho, tão problemático, por exemplo, o talento da atriz, que consegue encarnar a presença de um outro, chegando a permitir o engano e, ainda mais problemático, os verdadeiros simuladores. Mas retorno às diversas identificações e ao que permite ordená-las. É o que faz o grafo do desejo.

Duas identificações primordiais

O grafo do desejo, o segundo que Lacan escreve, enlaça os dois registros, o do imaginário, que ele introduziu em "O estádio do espelho", e o da linguagem, situado por conta do simbólico a partir de "Função e campo da fala e da linguagem"; este grafo inscreve e ordena duas identificações distintas, mas ambas primordiais: uma imaginária e outra simbólica.

---

[1] Nota da tradutora: Em francês, *garçon manqué*, "maria-rapaz", expressão utilizada para dizer que uma menina tem ares e gostos de um menino.
[2] Nota da tradutora: *Tomboy*, filme francês lançado em 2011, com direção de Céline Sciamma.

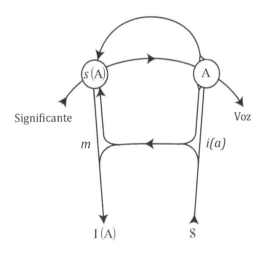

Grafo 2: *Escritos* (1998, p.822)

Seguindo a curva retrógrada que parte do $, vê-se que, para ele, a primeira identificação é com a imagem do outro sem maiúscula, daí porque se diz que ela é imaginária, a imagem que ele encontra no espelho ou na forma do pequeno semelhante. Esta é constituinte do eu, este eu que é inseparável desta primeira identificação pela imagem. Ela se escreve no trajeto imaginário figurado pela linha horizontal que vai de i(a) ao *moi*, trajeto que é traçado embaixo da cadeia significante. Eu digo que ela é primeira, mas observem que ela é segunda em relação à presença da aparição do $ indeterminado, não identificado, condição de toda identificação, e que ele mesmo não existe sem a cadeia significante. Ela é primeira, contudo, por responder à falta deste sujeito. Aí se situa a questão do estatuto do transitivismo das crianças sublinhado por todos os observadores da criança pequena, que é uma espécie de indução pela imagem animada do outro, o pequeno semelhante, inclusive uma não distinção entre o eu e o outro que precede, parece, o primeiro domínio da linguagem, não, entretanto, o efeito de linguagem com a primeira demanda articulada. No que diz respeito à função desse trajeto imaginário, tem-se a prova clínica com o pequeno autista: não tendo entrado na demanda articulada, dizendo de outra maneira, seu corpo não fazendo eco ao dizer da demanda do Outro, o S não tendo feito "sua entrada no real", não tem relação com o espelho, da mesma forma, ele não se identifica com essa imagem do espelho, não se reconhece ali, inclusive é perseguido por ela.

Esta linha da primeira identificação imaginária não é autônoma, ela está inscrita sob a cadeia da primeira demanda para assinalar que esta a determina *a priori*, o que marca, inclusive, as duas linhas que convergem sobre o eu, a da curva retrógrada, que inscreve o movimento procedente da falta do sujeito, e aquela que vem do Outro via i(a). Essas linhas marcam que o eu está sob dependência da "subjetivação pelo significante"[3]. Daí a ideia, acentuada durante muito tempo por Lacan, da subordinação do imaginário ao simbólico, até o seu questionamento na época do nó borromeano. Eu disse que o grafo enlaçava os dois registros, mas atenção, hierarquizando-os, enquanto o nó borromeano os enoda sem hierarquizá-los. Grande diferença que concede autonomia aos três registros e da qual seria preciso medir as razões e as consequências clínicas, mas, para isso, é preciso, sem dúvida, avançar um pouco mais na definição do imaginário.

---

[3]LACAN, J. (1960) Subversão do sujeito e dialética do desejo. In: *Escritos*. Tradução de Vera Ribeiro. Rio de Janeiro: Zahar, 1998, p. 824.

Este segundo grafo não escreve nem a cadeia do inconsciente, nem o desejo, que se inscreve no além da primeira cadeia da demanda. A cadeia significante é aquela dos enunciados do sujeito da consciência de si, mas é um sujeito que fala o discurso do Outro, que dele recebe sua mensagem, s(A), sob a forma invertida, como se expressou Lacan, e que, portanto, antes de tudo, dele recebe as ofertas, que ele rearticulará na sua fala e à qual seu corpo faz eco. É a cadeia dos enunciados e das demandas transitivas, cuja mensagem se rende à oferta do Outro primordial, que se articula, pois, logicamente, de início, em termos de oralidade ou de analidade. Essa cadeia preside a uma identificação que Lacan qualifica de "identificação primária", desconhecida por Freud, escrita I(A). Identificação não com a imagem, mas com o Outro. Que Outro? O que ele colocou desde "A direção do tratamento", o da "onipotência materna"[4]. Essa potência é a de sua fala, aquela do "dito primeiro", que, eu cito, "legifera, sentencia, é oráculo, confere ao outro real sua obscura autoridade"[5]. I(A) escreve "a assunção pelo sujeito das insígnias do outro"[6]. Insígnias, eis aí o traço parcial do qual eu falava. Eu disse que ela não era conhecida por Freud porque se pode muito bem observar o quanto ela difere da primeira e obscura identificação com o Pai, precedendo, segundo Freud, todo o investimento libidinal

---

[4]LACAN, J. (1958) A direção do tratamento e os princípios de seu poder. In: *Escritos*. Tradução de Vera Ribeiro. Rio de Janeiro: Zahar, 1998, p. 624.
[5]LACAN, J. (1960) Subversão do sujeito e dialética do desejo. In: *Escritos*. Tradução de Vera Ribeiro. Rio de Janeiro: Zahar, 1998, p. 822.
[6]LACAN, J. (1958) A direção do tratamento e os princípios de seu poder. *Escritos*. Tradução de Vera Ribeiro. Rio de Janeiro: Zahar, 1998, p. 635.

e que nos apresenta seu enigma desde o texto "O eu e o isso". Voltarei a isso. Lacan não convoca nem pai nem mãe, mas a subordinação à cadeia de linguagem e ao dito primeiro. Ela é condicionada pela dependência devido à prematuração do nascimento, um real, portanto, que situa o *infans* não apenas na dependência dos cuidados do corpo, mas também da linguagem. Nesse sentido, o próprio simbólico está condicionado por um real. I(A) é a primeira identificação simbólica do sujeito, condicionando, mesmo, sua primeira identificação imaginária. Isso pode se escrever com a escritura da representação significante do sujeito: I(A)/$.

Evidentemente, esta estrutura primordial é, em seguida, sobredeterminada pelos efeitos da cadeia do inconsciente, porém marco o quanto ela permite apreender uma grande parte dos fenômenos sociais, especificamente de nosso tempo. Porque o Outro, este Outro que determina todo o discurso da demanda, que está tomado sobre o valor das imagens e sobre os ideais, não é somente o Outro familiar, é também o Outro do discurso social, do qual cada sujeito recebe em parte sua própria mensagem e que é fator de "normalização", isto é, de unificação de condutas, tanto quanto as primeiras demandas maternas. Certamente, ele não basta, vê-se bem o que lhe falta para se dar conta da normativização homogeneizante do capitalista: é que o objeto como efeito de linguagem ainda não está aí colocado.

"A via imaginária"

O objeto será colocado quando Lacan escrever a linha que vai do desejo à fantasia. Observo que Lacan situa esta linha do desejo por conta do imaginário, ainda que geralmente se coloque o desejo no registro do simbólico.

Tendo dito que o desejo se regula sobre a fantasia, ele acrescenta: "Assim se fecha a via imaginária por onde na análise devo advir, lá onde s'tava [*là où s'était*] o inconsciente"[7]. Ele não coloca um *c* ao *c'était*, que teria evocado o *ça*, o *isso*, mas um *s*, o *s* do sujeito. Por que via imaginária? Pode-se já observar que, para introduzir o desejo, Lacan não escreve o grafo completo. Ele fabrica seu terceiro grafo, que coloca o desejo a partir de um duplo ponto de interrogação saído do Outro e cuja curva retrógrada termina na fantasia, que ele escreve antes de situar o grafo completo, como ele o nomeia, onde figura a linha do inconsciente, à página 829 dos *Escritos*. Por quê?

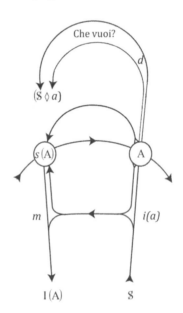

Grafo 3. *Escritos* (1998, p. 829)

---

[7]LACAN, J. (1960) Subversão do sujeito e dialética do desejo. In: *Escritos*. Tradução de Vera Ribeiro. Rio de Janeiro: Zahar, 1998, p. 831.

O $, aquele que é representado pela primeira cadeia da demanda e que tem relação com este Outro da demanda, encontra, neste Outro, "Outra coisa"⁸ que não sua demanda transitiva, porque, como este Outro não é somente um lugar de significantes, mas um Outro que fala, não é menos marcado pela linguagem quanto o próprio sujeito. Ele é, portanto, habitado por uma falta indeterminada, enigma, *x*, *Che vuoi?* que se vai nomear desejo A, de preferência a toda potência de sujeição — angustiante, então. E antes do grafo definitivo, Lacan escreve o grande ponto de interrogação que sai do Outro.

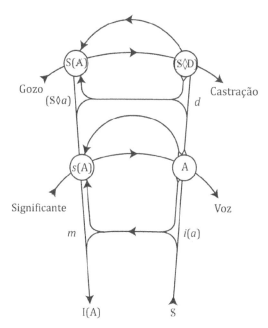

Grafo completo: *Escritos* (1998, p. 831)

---

⁸LACAN, J. (1964) Posição do inconsciente no Congresso de Bonneval. In: *Escritos*. Tradução de Vera Ribeiro. Rio de Janeiro: Zahar, 1998, p.858.

O desejo se encontra no Outro, o Outro da fala, para que, ao mesmo tempo, esta veicule, além de seus oráculos e demandas explícitas, o que ele não diz, mas que se deixa escutar graças à... à outra cadeia do inconsciente, aquela que Freud teria dito latente, recalcada, e que o grafo completo inscreve.

O desejo, indo na direção da fantasia e figurado pela linha horizontal escrita entre as duas cadeias significantes, é, de fato, significado da cadeia superior do inconsciente, e é por isso que Lacan a coloca na conta do imaginário, porque o imaginário não se reduz à imagem, ele é produzido pelos efeitos de significado da linguagem. Lacan homologa a subordinação linguística do significado ao significante, S/s, à subordinação do imaginário ao simbólico, S/I. O desejo, que, de início, se apresenta na fala como uma significação enigmática, é, portanto, nesse sentido, para ser colocado por conta da via imaginária. O forjamento da fantasia responde a esse enigma e é uma "significação absoluta", isto é, que não flutua relativamente a outros elementos. Compreende-se o porquê desses dois grãos. O primeiro é aquele da experiência, crucial para o falante, do encontro do desejo do Outro e da questão que ele levanta. O segundo, com a linha do inconsciente, dá a razão desse enigma do desejo: ela diz respeito ao que a fala veicula do inconsciente, via metáfora e metonímia. É preciso medir o alcance e os limites dessa frase crucial de Lacan — o desejo é o desejo do Outro. No sentido objetivo do "de", ela significa que o Outro é objeto do desejo, que, portanto, o desejo é desejo do desejo do Outro; por exemplo, a anorexia, que pode ser um apelo ao desejo do Outro, que pode suportar um desejo do desejo do Outro quando ele é por demais exigente em se fartar, dito de outro modo, reduzido à sua demanda. No sentido subjetivo do "de", é o Outro quem deseja, o sujeito, ele próprio, "deseja enquanto Outro". O que isso quer dizer? É que o desejo está ligado à fala e, devido ao fato de que o sujeito fala, ele articula uma outra cadeia significante, imanente, se posso dizer assim, à cadeia dos enunciados de seus enunciados. Por via da metáfora e da metonímia, por efeito da linguagem portanto, sua fala diz mais do que disto ele sabe ao falar, coloca, pois, uma enunciação inconsciente, que tem um significado que o próprio Freud nomeou desejo inconsciente. E enquanto efeito de fala, efeito enigmático, porque indeterminado, que o desejo é desejo do Outro; dito de outra maneira, o desejo é desejo do Outro na medida em que não há objeto que o fixe.

É a fantasia que fixa o desejo, dando-lhe uma forma determinada, portanto, mas a fantasia é a do sujeito, não é do Outro senão como fantasia sobre o Outro, e é por isso que ele sustenta o desejo do sujeito como desejo do Outro, no sentido objetivo do "de". A via imaginária se fecha por aí, por uma segunda identificação imaginária, específica. A primeira era a do *eu*, escrita desde o grafo precedente, e aí se acrescenta a da fantasia, isto é, a identificação com o objeto suposto do desejo do Outro. É "uma identificação singularmente diferente"[9] daquela do traço unário (*Einziger Zug*), do Ideal do Eu, I(A), dizia Lacan.

---

[9]LACAN, J. (1964) *O seminário, livro 11: os quatro conceitos fundamentais da psicanálise*. Tradução de M. D. Magno. Rio de Janeiro: Zahar, 1988, p. 242, aula de 17 de junho de 1964.

Esta vem sobre determinar a mensagem do sujeito, s(A), e as primeiras identificações imaginárias de seu *eu*, como o mostra a flecha retrógrada, que é a da subjetivação do sujeito como efeito de linguagem. Será preciso, portanto, que vocês não se espantem quando lerem em "Do *Trieb* de Freud" que "as identificações determinam-se ali pelo desejo"[10], ainda que o primeiro grafo mostre identificações imaginárias do *eu* determinadas pelo Outro primordial da demanda. Lá, ele pode dizer as identificações, sem distinção, já que todas estão sob a dependência da fantasia. O círculo do fechamento da via imaginária, portanto, se esboça, ele inclui o imaginário do espelho, que sobredetermina o da significação do desejo.

Vê-se a função da fantasia: é uma função de tampão da hiância subjetiva do $. Era, eu disse, o caso do *eu* e também da fantasia. Eis por que Lacan evoca em "A proposição de 1967" "a garantia" que o sujeito toma de sua fantasia. De fato, o extraviado, o $ sem identidade, com sua fantasia, que é uma "significação absoluta", dito de outro modo, não dividido pelo significante, bem, este sujeito se assegura de seu ser objeto, ele fixa sua relação com o Outro barrado, A̷, tal como seu eu lhe garantia sua imagem fixa. Eu falei do circuito imaginário, mas, de fato, Lacan não diz circuito, ele diz a via, isso evoca um vetor, aquele esboçado pela busca do sujeito em falta.

Então, a dita travessia da fantasia é o abalo dessa garantia, sua "vacilação", diz Lacan, eu evocava na última aula o desenlace. Ouve-se dizer, às vezes, que a análise revelou

---

[10]LACAN, J. (1964) Do "Trieb" de Freud e do desejo do psicanalista. In: *Escritos*. Tradução de Vera Ribeiro. Rio de Janeiro: Zahar, 1998, p. 867.

ao sujeito o que ele havia sido para o Outro. A expressão é muito ambígua, ela permite pensar que a fantasia é um estigma dos outros reais da história infantil, enquanto a fantasia é uma fábrica que responde ao sujeito em falta de identidade, mesmo se ele se apoia sobre elementos da história.

Bem entendido, não é com seu grafo que Lacan diz sua última palavra sobre a fantasia, ele diz mais em sua "Lógica da fantasia", mas ele não disse que a fantasia é real, apenas que ela está no lugar do real, daí a comparação com a função de um postulado em lógica ou em matemática, e também o recurso à topologia para situar os dois componentes da fantasia. O que dizer sobre o lugar do real? Se se aplica retroativamente a expressão ao grafo, o lugar do real no grafo é aquele onde o Outro falta, S($\mathbb{A}$), significante de uma falta no Outro, que diz que o Outro não inscreve o gozo. O grafo inscreve bem uma flecha que vai da fantasia rumo ao S($\mathbb{A}$) e que designa a função supletiva da fantasia, que coloca o objeto lá onde falta o significante. Pode-se, pois, reformular a frase que eu citei a respeito da função da via imaginária: lá, onde estava (*s'était*), advém como... objeto *a* da fantasia.

Retornarei trazendo exemplos clínicos através dos quais Lacan ilustrou a tese segundo a qual as identificações se determinam do desejo, mesmo aquelas que vêm diretamente da demanda, porque elas são sobredeterminadas e transformadas. Mas agora eu gostaria de passar a uma outra questão.

Uma ausência

Vocês não se surpreenderam ao constatar, e é, aliás, como tal que alguma coisa surgiu para mim mesma, que eu pude comentar todo o grafo, todos esses matemas, seguindo escrupulosamente as próprias indicações de Lacan, sem nunca encontrar aí o que estava no coração de "A direção do tratamento", isto é, o significante falo, ainda que "A direção do tratamento" se referisse, implicitamente, ao grafo. Sem ele, não há meio de compreender o que Lacan formula, dizendo que o desejo está "além da demanda" e "aquém da demanda". Aquém da demanda de amor, escrita em termos de pulsões sobre a linha superior, além das demandas transitivas da linha inferior. É uma referência direta à tópica do grafo, que, no entanto, ele não dá no texto e, quando dá, não escreve o falo. Por quê? Como entendê-lo?

CINCO
21 de janeiro de 2015

Eu os deixei quanto à questão de saber por que a identificação com o falo, sobre a qual Lacan tanto insistiu desde "De uma questão preliminar a todo tratamento possível da psicose" até "A direção do tratamento" e com "A significação do falo", não é inscrita no grafo, pelo menos de forma visível. Ora, aqueles que leram esses textos sabem que nestes ele fazia do falo o significante sem pai; significante da identificação do sujeito e, eu cito, "a chave do que é preciso saber para terminar as análises"[1]. Aliás, ele acrescentava: "nenhum artifício suprirá o que falta para alcançar esse fim". Problemática "falocêntrica" do sujeito e da análise, claramente afirmada, portanto. Essa elisão é motivada por uma razão de estrutura ou se trata de uma inflexão teórica?

Falo, estás aí?

De início, situo as datas dos textos de referência. "A direção do tratamento", no qual o grafo, como disse, está

---

[1] LACAN, J. (1958) A direção do tratamento e os princípios de seu poder. In: *Escritos*. Tradução de Vera Ribeiro. Rio de Janeiro: Zahar, 1998, p. 636.

implícito, mas não está dado, foi redigido em julho de 1958, seis meses depois de "De uma questão preliminar", em que ele havia situado as bases, retomando os dois primeiros trimestres do seminário *As psicoses*. "A significação do falo" é do mesmo ano. A data de redação de "Subversão do sujeito e dialética do desejo", em que ele situa o grafo, não é conhecida exatamente; o Congresso de Royaumont é de 1960, a redação é provavelmente bem posterior, seguramente depois de "Kant com Sade", que é de 1962. Notavelmente, esse significante único, que os dois textos precedentes privilegiam, da mesma forma, aliás, que todos os textos da parte V dos *Escritos*, se vocês olharem o sumário, ele não está escrito no grafo, nem tampouco, aliás, o Nome-do-Pai — ainda que o texto consagre várias páginas ao primeiro e alguns parágrafos ao segundo. Isso não quer dizer que sua função esteja necessariamente elidida; poder-se-ia supor que, estando sua construção terminada, Lacan a toma por adquirida, como o fez muitas vezes. E não percamos de vista que essa construção visava repensar, entre outros, o famoso complexo de castração, que Freud havia situado na origem dos sintomas e do desenvolvimento subjetivo, e do qual Lacan marcou os paradoxos antes de tentar lhe dar razão.

De fato, a questão se resolve se for examinado o laço entre as identificações, as três que coloquei em evidência no grafo, aquelas com a imagem do eu, com o Ideal e com o objeto da fantasia, o laço, portanto, entre essas identificações e o falo. A formulação da resposta se encontra explícita, de fato, desde "A significação do falo". Depois de ter definido o que o termo "falo" conota, Lacan acrescenta "que ele só pode desempenhar seu papel enquanto velado"[2]. No grafo, estaria ele aí, porém velado? O termo é do vocabulário escópico, para dizer que ele não aparece como tal nos fenômenos clínicos, especialmente no campo do visível, e Lacan fala de seu "desaparecimento". Concebe-se bem que não precisa, certamente, da imagem do pênis para que ele apareça, não há dúvida sobre esse ponto, apesar de certos equívocos freudianos, notadamente sua confusão entre a castração da mãe e sua ausência de pênis.

Mas, de início, a que se refere esse efeito de véu? A nada mais do que à sua própria definição. Ela é conhecida, é um significante, não um objeto nem um órgão. É o significante que designa os efeitos do significante sobre o "significável"[3]. O termo "significável", acrescentado como terceiro aos dois termos bem conhecidos, desde Saussure, como significante e significado, designa, evidentemente, um real a significar; em primeiro lugar, aquele que está escrito na origem da flecha retrógrada do primeiro grafo, que já comentei, dito de outra maneira, o vivente, e que Lacan designa com o termo concreto de necessidade. O efeito primeiro e maior do significante sobre esse significável é, pois, o S barrado. O falo, eu cito, "é o significante privilegiado desta marca"[4], da relação do sujeito com o

---

[2]LACAN, J. (1958) A significação do falo. In: *Escritos*. Tradução de Vera Ribeiro. Rio de Janeiro: Zahar, 1998, p. 699.
[3]LACAN, J. (1954) Resposta ao comentário de Jean Hyppolite sobre a "Verneinung". In: *Escritos*. Tradução de Vera Ribeiro. Rio de Janeiro: Zahar, 1998, p. 392-394.
[4]LACAN, J. (1958) A significação do falo. In: *Escritos*. Tradução de Vera Ribeiro. Rio de Janeiro: Zahar, 1998, p. 699.

significante. Eu mesma marquei a duplicação desse efeito que, por sua vez, produz o sujeito, mas, com o mesmo movimento, o recalca; *Verdrängung*, diz Lacan, cunhagem de "latência", segundo o termo de Freud. A fórmula da qual parti, "o significante representa o sujeito...", é uma fórmula que implica essa latência, já desenvolvi isso. Ela se escreve significante/$, um gênero de metáfora primária, uma *Auphebung*, diz Lacan, da qual o falo é o próprio significante. Como se realiza essa metáfora clinicamente? Lacan o explicou: pela demanda, pode-se, portanto, reescrevê-la D/d, grande *D* da demanda, cujo efeito é o sujeito do desejo, escrito pequeno *d*, com a minúscula do significado, já que o desejo se reencontra como significado pela demanda, sendo o falo o seu significante, no mesmo lugar, portanto, no grafo. É a escrita do recalque freudiano. Encontramos em Lacan diversas expressões, ele é significante do $, ou significante do desejo, é a mesma coisa, e ele diz, indiferentemente, *Verdrängung* do desejo ou do falo.

Como ter acesso ao que está velado? O sujeito aí tem acesso no lugar do Outro, onde todo significante pode aparecer. Mas, cito, "este significante, só estando aí enquanto velado e como razão do desejo do Outro, é o desejo que é imposto ao sujeito reconhecer"[5]. Não se encontra o falo, encontra-se o desejo, isto é, o Outro como "sujeito dividido da *Spaltung* significante"[6]. Eis aí a razão do grafo intermediário, com seu ponto de interrogação, que dava a via de acesso a esse falo invisível.

[5] *Ibid.*, p. 700.
[6] *Ibid.*

Então, o que é que aparece lá onde o falo não aparece? De início, o *x* do desejo, o enigma do Outro, mas isso não é tudo. Aparecem, também, as identificações, que, lembro o que já indiquei, "se determinam do desejo". A ilustração mais convincente dessa estrutura se encontra no nível da relação entre os sexos. O *x* do desejo, seu recalcamento, projeta todas as manifestações sexuadas no *"paresser"* (*"paraître"*). Na falta de saber o que visa o desejo, o objeto que ele almeja, convocam-se as imagens e os ideais, ou seja, as identificações imaginárias do eu ideal, isto é, o eu concebido como amável e as identificações simbólicas do I(A), que Freud nomeou ideal do eu. Elas estão escritas sobre o grafo, eu as nomeei na última vez, e são elas que têm uma função de véu. O que dá força a essas imagens e ideais é que são propícios a satisfazer a demanda de amor. Dá-se, portanto, ares de sexo, ares de homem, parada viril, e ares de mulher, mascarada feminina, para ser o que falta ao Outro.

Eis aí, segundo penso, o que justifica o fato de Lacan ter utilizado o termo véu, que é um termo do registro imaginário, para falar da presença recalcada, esta *Verdrängung* do desejo ou do falo, que ressalta do efeito significante, e não imaginário. Difícil pensar que é apenas em razão do véu, que estava presente nos mistérios dos antigos, que Lacan evoca depois de Freud. Mas o termo véu se entende melhor ao se compreender que são as identificações, por sua vez, aquelas imaginárias do eu e aquelas simbólicas do sujeito, que, aparecendo nos fenômenos visíveis, velam o que delas são a razão, sua mola... o falo. O *paresser* recalca o ser de falta do desejo, isto é, o falo. Para dizê-lo de forma imajada: Senhor músculo, quer este músculo seja metafórico ou não; Senhor músculo não é para ser confundido com Senhor falo ou desejo, mas Senhor músculo só mostra seus músculos para seduzir o Outro — isso porque, curiosamente, a parada viril feminiza, diz Lacan. O segredo dessa máscara que aparece no visível é o falo enquanto razão do desejo. É o desejo como desejo do Outro, desejo de seu desejo, sob a cobertura da demanda de amor. Pode-se, pois, escrever este recobrimento da *Verdrängung* do falo:

$$\frac{I(A) \quad MI}{\phi}$$

Assim, os golpes imaginários, as marcas visíveis de déficit da imagem, ou as incertezas das aderências aos semblantes dos ideais podem tomar uma significação de falta, inclusive de castração. O exemplo comentado por Lacan da garota que desenvolve uma fobia — sendo a fobia um sintoma de defesa contra a castração materna — importa muito pelo fato de que ela viu sua mãe diminuída, doente e andando penosamente. Essas aparências imaginárias, que tornam visíveis algumas dificuldades da mãe, que a mostram sem músculos, eu poderia dizer para prolongar meu exemplo, vêm representar aí (ainda o véu imaginário) outra dificuldade, outra falta, no nível do desejo. Na clínica da criança pequena, aliás, o momento no qual a ausência do pênis visível toma essa significação, ao mesmo tempo questionadora e angustiante, é muito notado.

Concluo sobre a questão que eu colocava, o falo não está escrito no grafo, ele aí está, velado, no entanto, é seu estatuto. O grafo não elide sua função, o que a frase que eu citei denomina seu papel. Voltarei a essa função, mas antes eu me detenho em outra, sobre a qual trabalho há certo tempo. Esse significante é solidário com a função do Pai? Todos aqueles que leram Lacan sabem que isso foi o que ele postulou no começo, muito explicitamente, na sua "De uma questão preliminar". Detalharei isso mais tarde.

Genealogia do falo

De início, gostaria de mostrar que, se seguirmos os textos, veremos não apenas que Lacan não escreveu o falo no grafo, nem o pequeno nem o grande, o que se explica como acabo de dizer, mas que as duas escritas que ele utiliza para situar o registro fálico em "Subversão do sujeito e dialética do desejo", pequeno ϕ e grande Φ, ele as introduz e comenta sem nenhuma referência ao Pai, traçando para o falo, a partir desse texto, uma espécie de genealogia sem Pai. Relendo, então, "A significação do falo" para datar a coisa, eu me dou conta de que já era o caso. Faço o recenseamento dos diversos desenvolvimentos que atestam isso.

"A significação do falo" é um texto capital. Lacan precisa, aí, de início, seu estatuto de significante, em seguida, sua função na relação com o Outro, e questiona mesmo sua origem, quero dizer, o modo pelo qual ele foi "escolhido", é seu termo, tudo isso sem passar pela mediação do Pai. Uma única frase é consagrada a isso em uma passagem para a qual chamo a atenção de vocês[7].

---

[7]LACAN, J. (1958) A significação do falo. In: *Escritos*. Tradução de Vera Ribeiro. Rio de Janeiro: Zahar, 1998, p.700-702.

Lacan reformula, de início, o dito complexo de castração como "experiência do desejo do Outro" (*"épreuve du désir de l'Autre"*[8]), na medida em que o sujeito "apreende que a mãe não o tem", o falo, com todas as consequências sintomáticas e estruturais indicadas por Freud. Isso coloca, evidentemente, a questão do que quer dizer não ter o falo, porém marco o momento em que ele precisa, em seguida e em uma pequenina frase, que o futuro desta sequência do complexo de castração dependerá, certamente, da lei do Pai. Tem-se, portanto, um complexo de castração que não inclui o Pai, o qual, no entanto, é esperado na sequência. Não se pode mais claramente indicar a autonomia do registro fálico e que o pai não é o castrador, o que "Subversão do sujeito e dialética do desejo" explicita sem ambiguidade, acentuando ainda o tema até a famosa fórmula que diz que o Édipo não saberia "manter-se indefinidamente em cartaz"[9]. Não é uma proposta no ar nem tampouco vaga.

De onde vem essa autonomia atualmente legível? Penso que ela decorre logicamente das precisões trazidas na definição do falo. Em "De uma questão preliminar", este falo retomado de Freud, Lacan o evocava no

---

[8]*Épreuve* em francês tem uma extensa gama de significados: provação, experimentação, experiência, prova, ordálio, aflição, sofrimento, pena, padecimento. A expressão sintagmática de Lacan, *l'épreuve du désir de l'Autre*, se refere à experimentação que realiza o sujeito ao se defrontar com o desejo do Outro: experiência padecida que é ao mesmo tempo prova e provação." (N.E. na edição brasileira: LACAN, J. [1958] A significação do falo. In: *Escritos*. Tradução de Vera Ribeiro. Rio de Janeiro: Zahar, 1998, p.700).
[9]LACAN, J. (1960) Subversão do sujeito e dialética do desejo. In: *Escritos*. Tradução de Vera Ribeiro. Rio de Janeiro: Zahar, 1998, p. 827.

esquema R como "imagem fálica", depois, significante do objeto imaginário do Outro, a Mãe, e ele colocava que o falo não podia ser evocado no imaginário do sujeito, como significação, portanto, mas por uma metáfora, a paterna. Havia aí uma sutileza a desdobrar, porque essa construção indicava que este significante presente no Outro podia não ser operante para o sujeito. Aliás, na metáfora, o DM não escreve o desejo próprio da Mãe, o que escreve é o desejo que sua ausência simboliza... para a criança, a operação de simbolização operando, pois, do lado da criança, "A significação do falo" se empenha em precisar sua definição, o que indica, claramente, a presença de uma questão. Ele a coloca, eu disse, como o significante dos efeitos do significante sobre o significável (conforme a hipótese lacaniana), este significável que o significante atinge com sua barra, tendo como resultado $. Por conseguinte, esse falo conota, ao mesmo tempo, a negativização linguageira figurada pela barra, porque Lacan liga sempre a morte à sequência significante, e o que resta de energia vital, de dinamismo, a este sujeito, e que se nomeia desejo, vida "suportada pela morte", diz ele em algum lugar, a morte que veicula a linguagem. Assim definida, como poderia ele faltar em algum sujeito, já que o sujeito é o efeito dessa barra?

Reduplicação desse argumento no mesmo texto por uma genealogia do desejo[10], que se engendra primariamente entre necessidade e demanda. As necessidades são alienadas na demanda, e a particularidade disto que

---

[10]LACAN, J. (1958) A significação do falo. In: *Escritos*. Tradução de Vera Ribeiro. Rio de Janeiro: Zahar, 1998, p. 696-697.

elas exigem é anulada pela demanda de amor, que se situa sobre outra coisa que não as satisfações, mas sobre a presença e a ausência do Outro. O que dessas necessidades tomba, assim, na *Urberdrängung*, diz Lacan, reaparece no além e no aquém da demanda no desejo como "potência da pura perda". Eis aí uma gênese do desejo que não passa pela função do pai. Aliás, é interessante constatar que Freud também tentou fazer tal gênese estrutural do desejo a partir da primeira experiência de satisfação, no fim de "A interpretação dos sonhos". Então, iremos continuar a dizer que não há desejo nem há falo sem a metáfora paterna?

Aliás, Lacan situa a questão: por que a imagem do pênis que é escolhida, é o termo de Lacan, como símbolo, para os antigos ele dizia simulacro? Lacan retornou várias vezes a essa questão, e não por nada: em "A significação do falo", em "Subversão do desejo e dialética do desejo", em "O aturdito" ainda, e ele responde através de vários argumentos, mas nenhum convoca o Pai. Ele evoca as características do órgão, sua posição "em ponta" sobre a superfície do corpo e sua eretilidade, concentrando nele "o mais íntimo do autoerotismo"[11], que fazem dele o protótipo do objeto transitório, o fato de ele faltar à imagem especular. A tese é retomada e acentuada em "O aturdito" em termos bem próximos. Ele não é, portanto, escolhido como efeito do pai, e é preciso supor isso, aliás, para se dar conta do fato de que a universalidade deste símbolo fálico, atestado por toda

---

[11] LACAN, J. (1960) Subversão do sujeito e dialética do desejo. In: *Escritos*. Tradução de Vera Ribeiro. Rio de Janeiro: Zahar, 1998, p. 837.

etnologia, é muito mais indiscutível que aquele, bem contestado, do Édipo.

Ainda mais importante, Lacan inverte explicitamente a ideia corrente derivada da metáfora, da relação do desejo com a Lei. Ele escreveu a Lei com maiúscula, e, quando se diz Lei com maiúscula, pensa-se, desde Freud, na função do assassinato do Pai, na interdição ao incesto. É a lei da limitação do gozo pela subtração do primeiro objeto. Longe de que o desejo se origine da Lei, isto é, da interdição a alguma coisa que seria fundadora, como dizem alguns, eu cito, "o desejo que se apresenta como autônomo em relação a essa mediação da Lei, por ser no desejo que ela se origina"[12]. É categórico se quisermos ler bem. Ele precisa: o desejo, longe de proceder da interdição, se impõe como "condição absoluta", impõe-se estruturalmente, a partir dos efeitos da demanda sobre a necessidade. "Condição absoluta" quer dizer "desprendimento", é o seu termo, "desprendimento" não só da necessidade, mas também emancipação da sujeição ao Outro, que a demanda de amor mantém. Duplo "desprendimento", portanto. Mas absoluto expressa também o sem concessão, as virulências que não cedem. Testemunho clínico, segundo Lacan, desta dimensão precoce e estrutural do desejo e de sua função: o objeto transicional, separador. E Lacan acrescenta a seguinte frase, que proponho que examinemos: "Não está aí senão como emblema; o representante da representação, na condição absoluta, está em seu lugar no inconsciente, onde causa o desejo..." etc. O representante da representação é uma

---

[12] *Ibid.*, p. 828.

expressão que Lacan utiliza sempre para os significantes do inconsciente, aqui não pode ser senão o significante dito do desejo, o significante fálico. Como dizer melhor que ele não precisa do Pai para aí se inscrever?

E vejam, para confirmação, quando se trata do gozo no fim do texto, "que não é a Lei em si que barra o acesso do sujeito ao gozo, é a fala". "O gozo está vedado a quem fala como tal"[13]; dito de outra maneira, castração de gozo pelo efeito do significante, mas permanece o gozo dito nas entrelinhas, inter-dito, com um traço de união, impossível de negativizar a castração. Ambos, o que falta e o que permanece, são efeitos de linguagem. Em *O sinthoma*, Lacan coloca os pontos nos is, eu já falei disso, dizendo que o gozo fálico resulta da fala e de seu encontro com o corpo. Vê-se, agora, a tese de que um efeito de fala já disjunto da função do Pai estava claramente expresso em "Subversão do sujeito e dialética do desejo" e em "A significação do falo". Aliás, ele não disse que a Lei transmitida por Moisés nada mais era que as leis da fala? O que dizer sobre isso? Que ela não era senão necessidade de estrutura, aquela, portanto, que faz aparecer a proibição trazida por um interditor como um mito racionalizando um impossível. O impossível secreta as ficções que o justificariam. O mito é isso. "Televisão" coloca os pontos nos is sobre esse assunto, mas não vou me deter mais nesse aspecto.

Eu me surpreendo, hoje em dia, que tudo isso, perfeitamente articulado, não tenha sido suficiente, desde aquela época, para colocar em questão o discurso derivado da

---

[13]*Ibid.*, p. 836.

metáfora paterna, discurso no qual alguns ainda se detêm e segundo o qual não há registro fálico sem o Pai.

Esta genealogia sem pai do falo, já em "Subversão do sujeito e dialética do desejo", se encontra em ...*ou pior* e em "O aturdito", em que a função fálica é introduzida sem passar pelo Pai como função da fala, já insisti sobre isto. Pode-se dizer então que, ao se reler Lacan, percebe-se que não era necessário, quanto a esse ponto, esperar seu último ensino, nem mesmo "Radiofonia", onde, desde 1970, ele explicita seu "sem recorrer ao Nome-do-Pai" para compreender que ele havia passado para além do Édipo.

A questão em jogo é delicada. Como todo remanejamento teórico, este impõe deveres de ajustamento, um deles o da própria concepção da psicose, já que esta, no início, era inteiramente pensada como resultado da metáfora faltante, a metáfora que colocava que a operação de falicização da falta passava pelo Pai, a partir de que se continuou a repetir: não há significação fálica na psicose por causa da forclusão do pai, portanto, não há castração e... não há desejo. Aí tudo está por refazer. Aliás, Lacan abriu a via, deu certas indicações, mas dispersas, não sistematizadas. Por exemplo, que $, S_1 S_2 e a são válidos para a psicose, o que não impede que, hoje em dia, a maioria sustente como evidente, sem mais questões, que a função fálica não está aí. A questão é muito difícil, certamente, e eu me encarregarei de retornar a isso logo que possível, porém continuo ainda com a clínica falocêntrica. Ela tem seu ponto de partida em Freud, com a função que ele atribui para os dois sexos no complexo de castração, e produziu, sob a pena de Lacan, alguns grandes momentos antológicos.

Clínica falocêntrica

Não é excessivo dizer que esse papel do falo é copulatório. Não falo, neste momento, da copulação entre os corpos, mas entre o sujeito e o Outro. Foi sobre esse aspecto que Lacan, no início, enfatizou, mais do que sobre a função sexual. Essa cópula está em jogo, portanto, em diversos níveis; entre a criança e a mãe, entre o neurótico e seu Outro, e também entre os amantes, na medida em que esteja aí o sujeito. De fato, logo que há o significante, a falta do sujeito e a do Outro, a via está aberta para uma articulação entre estas duas faltas, especificamente, uma identificação dialética com a falta do Outro, da qual o falo é o significante. Daí a fórmula "identificação com o falo", isto é, identificação com o que falta ao Outro. À questão do sujeito indeterminado, "que sou?", essa identificação tenta fazer existir a resposta: eu sou a falta do Outro. Apenas ser a falta do Outro é o voto que anima a demanda de amor, aquela que exige, de fato, que o Outro dê a sua falta, mas, sob essa demanda, há o desejo de seu desejo. Lacan falou disso a respeito da relação da criança com a mãe, é uma "relação constituída na análise não por sua dependência vital, mas pela dependência de seu Amor, isto é, pelo desejo de seu desejo"[14]. Fazendo um parêntese: tem-se, nesta frase, uma definição do laço entre a demanda de amor intransitiva, aquela que será escrita à direita, sobre a linha superior do grafo, e o desejo de desejo que dele é o significado. É com essa mesma

---

[14] LACAN, J. (1959) De uma questão preliminar a todo tratamento possível da psicose. In: *Escritos*. Tradução de Vera Ribeiro. Rio de Janeiro: Zahar, 1998, p. 561.

construção que Lacan situa a função do desejo do analista, como cito: "a última e verdadeira mola do que constitui a transferência"[15], a transferência como demanda de amor. Mas essa frase é igualmente problemática. Desejo e amor tendo o mesmo significante, o falo, como as coisas se arranjam no nível sexual? Uma primeira resposta dada por Lacan, bem conhecida de seus leitores, é a seguinte: o amor é querer "ser" o falo, ele é, portanto, convocado aí no plano da questão da identidade, do "que sou?". Já o desejo, na medida em que ele não é apenas desejo de desejo, desejo do Outro, mas desejo, se posso dizer assim, transitivo, desejo com um objeto, eventualmente sexual, bem, ele requer a colocação em ação do falo como ter, como instrumento.

---

[15]LACAN, J. (1964) Posição do inconsciente. In: *Escritos*. Tradução de Vera Ribeiro. Rio de Janeiro: Zahar, 1998, p. 858.

SEIS

4 de fevereiro de 2015

Eu havia anunciado para vocês um exemplo da primeira função copulatória do falo. Tomo de empréstimo a Lacan em "A direção do tratamento"; é um exemplo paradigmático aquele da histérica espirituosa da qual Freud traz um sonho em "A interpretação dos sonhos" e cujo caso Lacan comentou no mencionado "A direção do tratamento". O exemplo é paradigmático por três razões: não apenas porque ele dá a estrutura mesma da histeria, mas também porque ele ilustra a tese do falo velado pelas identificações ao mesmo tempo imaginárias e simbólicas e, enfim, porque ele mostra como o falo, tal como o desejo, "é sua interpretação". Inclusive, o desenvolvimento que Lacan lhe consagra é um exemplo magistral de decifração e de interpretação de um sonho.

Falo socializante

Condenso o exemplo que, em outro momento, desenvolvi com detalhes[1]. Freud nos ensina: esta jovem mulher

---

[1] SOLER, C. *O que Lacan dizia das mulheres*. Tradução de Vera Ribeiro. Rio de Janeiro: Zahar, 2005.

se identifica com a sua amiga, identificação sobre o eixo imaginário, portanto, a/a'. O traço que assinala a identificação é o significante caviar, já que ela se comporta com o caviar da mesma maneira que sua amiga com o salmão, o qual ela diz desejar, mas o recusa a si mesma. E Freud comenta: desejo de desejo insatisfeito. Evidentemente, aí se trata de desejos pré-conscientes, implicados em seu discurso e em sua conduta cotidiana com seu caro marido, que dela faz uma "mulher mimada". É preciso, diz Lacan, "ir mais além para saber o que este tal desejo quer dizer no inconsciente"[2]. Eis aí, claramente articulados, os dois registros do pré-consciente e do inconsciente a interpretar. Lacan formula: "Se nossa paciente se identifica com sua amiga é por esta ser inimitável"[3]. Dito de outra maneira: não se sabe o que ela quer, o que ela visa, através desse cenário do salmão. A identificação imaginária é, portanto, ela própria, sobredeterminada pela questão do desejo. Depois, a análise do sonho, que não retomo aqui, permite avançar em direção a outra identificação, porque, atrás desse sonho, existe a questão do sujeito sobre o desejo do Outro, com maiúscula, aqui o marido, o truculento açougueiro, que, no entanto, fala sempre bem da amiga, aquela magricela, ainda que ele só ame e se satisfaça com as rechonchudas. Daí Lacan extrai a questão do sujeito: como um homem pode amar uma mulher com a qual ele não saberia se satisfazer?

---

[2] LACAN, J. (1958) A direção do tratamento e os princípios de seu poder. In: *Escritos*. Tradução de Vera Ribeiro. Rio de Janeiro: Zahar, 1998, p. 628.
[3] *Ibid.*, p. 632.

É a questão mesma da identificação histérica, questão, portanto, que se coloca claramente apenas sobre o desejo, aqui o desejo que permanece do Outro na medida em que tudo nele é satisfeito, desejo que gozo nenhum pode estancar. Representado por essa questão, o sujeito, aqui, a mulher, se identifica com o Outro, aqui, o homem, desta vez identificação simbólica com o desejo como falta, não com o gozo, a falta estando figurada no sonho somente pela pequena fatia de salmão, aquela que não se pode dar para o jantar. Então, onde está o falo? Ele está velado pela identificação do sujeito com a falta do Outro, aquela que comanda a identificação imaginária com a amiga. Ele está velado e permanece assim se a interpretação não levanta o véu para formular o voto inconsciente. Daí a fórmula "o desejo é sua interpretação". E é verdadeiro, mesmo para o que Lacan nomeou o encontro com o desejo do Outro na criança. De fato, o que o Outro não diz, mas que se manifesta entre as linhas, ou nos buracos de seu discurso, não é interrogado como desejo sem um ato subjetivo, e é por isso que falei da criança intérprete, e os casos ditos de "como se", *as if*, são, justamente, casos de sujeitos não intérpretes. Então, no caso da bela açougueira, a interpretação se formula: "ser o falo", o significante do desejo, e Lacan acrescenta, brincando, "ainda que seja um pouco magro", justamente para dizer que o significante fálico está recoberto pela imagem um pouco descarnada que o vela. Ele comenta: "Não vejam aí a identificação última com o significante do desejo". Última, já que é a última que se denuncia no final, depois de ter declinado os significantes e as imagens que a velam. Mas ela não é cronologicamente última, e sim, primeira, porque essa dialética começa precocemente, com o encontro com o desejo do Outro. Esse exemplo nos mostra o falo na sua função que vou qualificar de socializante, e não é por acaso que Lacan, anos mais tarde, faz da histeria um tipo de laço social.

Parêntese: essa análise do sonho da bela açougueira é uma demonstração magistral do que é a decifração de um sonho, tornando possível a interpretação do desejo e, também, uma ilustração paradigmática — é Lacan quem a qualifica assim — disto que é a estrutura clínica da histeria. Lacan fez acréscimos aí, ao longo dos anos, até o fim de seu ensino, mas sem jamais colocar em questão esta primeira tese de uma estrutura identificada ao desejo e pelo desejo, não ao gozo, uma estrutura que é desejo de desejo. Lacan a reafirmou com todas as expressões bem conhecidas: ela não sabe que queria deixar seu marido açougueiro para uma outra, a histérica faz greve do corpo, ela põe em relevo a ética Fora Sexo, é um discurso, ela não é sintoma último como uma mulher etc. No entanto, nada aí é feito, muitos continuam a dizê-lo, em nome de Lacan e apesar dele, que essa estrutura se define pelo primado do gozo do sexo. O que é certo, em todo caso, é que o núcleo de toda neurose é histérico.

"A direção do tratamento" termina sobre a afirmação concernente ao neurótico: "seu desejo é de sê-lo", o falo. Ora, "ser o falo" é a fórmula mesma, segundo Lacan, da demanda de amor. Isso não é uma incoerência, porque a demanda de amor, como toda demanda, carrega um desejo, não importa qual, carrega um desejo como desejo do Outro, no sentido objetivo do "de", desejo de seu desejo. O desejo de desejo é um puro desejo, quero dizer, um desejo sem objeto ou um desejo no qual o desejo é tornado objeto. Lacan o diz novamente em 1973, em "Introdução à edição alemã de um primeiro volume dos *Escritos*", a respeito do "discurso histérico" e, em referência à bela açougueira, ele escreve: "e aquilo com que neles ou nelas joga a identificação é a estrutura, e não o sentido, como se lê perfeitamente pelo fato de que ela incide sobre o desejo, isto é, sobre a falta tomada como objeto, e não sobre a causa da falta"[4]. Vê-se, aí, que a histeria isola uma das duas articulações possíveis do desejo. Não é o desejo enquanto visa a um objeto substancial, é o desejo enquanto visa ao Outro. Com essa estrutura, compreende-se a frase de "Subversão do sujeito e dialética do desejo" sobre a qual muitos se interrogam, aquela que diz que "o neurótico, histérico, obsessivo ou mais radicalmente fóbico, é aquele que identifica a falta do Outro com a sua demanda"[5], D, subentendida não a seu gozo, Φ. Compreende-se quando se desdobra este grande D: ser o falo; é a fórmula da demanda de amor, aquela que suporta, tem como significado, o desejo de desejo.

$$D: \text{"Ser o falo"} = \frac{\text{Demanda de amor}}{\text{Desejo de desejo}}$$

Este falo como significante da demanda de amor que suporta o desejo de desejo está no coração das paixões do

---

[4]LACAN, J. (1973) Introdução à edição alemã de um primeiro volume dos *Escritos*. In: *Outros escritos*. Tradução de Vera Ribeiro. Rio de Janeiro: Zahar, 2003, p. 554.
[5]LACAN, J. (1960) Subversão do sujeito e dialética do desejo. In: *Escritos*. Tradução de Vera Ribeiro. Rio de Janeiro: Zahar, 1998, p.838.

ser, os três, o amor, o ódio e a ignorância, que se fundem a partir da falta-a-ser. No entanto, não se escreve com maiúscula o significante do desejo. "Subversão do sujeito e dialética do desejo" acrescenta aí duas escrituras, a do (- ϕ) e o Φ maiúsculo. Essa mudança vem de um problema que Lacan encontrou na sua construção.

Duas faltas

É que a falta-a-ser não é, no entanto, a falta-a-gozar, que é toda uma outra coisa, e quando Freud fala do falo e da castração, para ele, desde o começo, trata-se do órgão do gozo sexual e da ameaça colocada sobre ele. O que é que justifica que Lacan faça dele o significante da falta-a-ser e o significante da falta-a-gozar? Como se dá a passagem da falta-a-ser à falta-a-gozar, que a palavra castração, vinda de Freud, designa? Essa passagem, em todo caso, é indicada pelo próprio Lacan, justamente depois de ter finalizado a bela açougueira, e se encontra, imediatamente, um parágrafo sobre o complexo de castração e a inveja do pênis.

A demanda em si mesma suporta uma significação de falta. O que haveria aí a demandar na falta de uma falta, qualquer que seja esta? Aliás, é certo que o campo das apetências não se reduz ao desejo sexual, longe disso. Poder-se-ia escrever a falta implicada na demanda com um -1 no lugar do significado: $D/(-1)$, (-1) escrevendo a significação de uma falta indeterminada. Essa falta se subdivide, de certa maneira, entre falta-a-ser e falta-a-gozar. A falta-a-ser se situa sobre o eixo das questões identitárias, geradas pela representação significante do sujeito, e se endereça ao Outro, especificamente na demanda de amor. A falta-a-gozar se situa sobre o eixo dos efeitos da linguagem sobre a necessidade, da perda que ela aí produziu, e isso implica o corpo pulsional. Lacan, de início, insistiu sobre a falta-a-ser, sem dúvida porque seus contemporâneos haviam começado a tomar as exigências da demanda como bússola. "A direção do tratamento" e, ainda, "A significação do falo" insistem sobre esta problemática — a da falta-a-ser — e do que pode tratar disso, ao menos compensá-la no amor — ainda que, com o caso do homem da rodada de "bonneteau"[6], Lacan se encarregue de fazer a junção com a atividade e o desejo propriamente sexuais, e não se pode dizer que isso seja completamente convincente, contrariamente ao caso da bela açougueira. É, portanto, a partir desta identificação dita fálica com a falta-a-ser do Outro que Lacan deve reencontrar as teses de Freud sobre a castração, sempre formulada em termos de ter ou não ter o órgão. "A significação do falo" tenta essa articulação na definição mesma do complexo de castração, que se conclui com esta afirmação: ele mostra a "conjunção do desejo, dado que o significante fálico é sua marca, com a ameaça ou a nostalgia da falta-a-ter"[7]. Conjunção: o que é que este dito complexo articula? A falta-a-ser da demanda de amor, a qual suporta o desejo

---

[6]Nota da tradutora: Pode-se encontrar essa referência em LACAN, J. (1958) A direção do tratamento e os princípios de seu poder. In: *Escritos*. Tradução de Vera Ribeiro. Rio de Janeiro: Zahar, 1998, p.637. *Bonneteau* é um jogo em que três cartas de baralho são movidas com muita rapidez para que se adivinhe onde está a que foi previamente mostrada.
[7]LACAN, J. (1958) A significação do falo. In: *Escritos*. Tradução de Vera Ribeiro. Rio de Janeiro: Zahar, 1998, p. 701.

de desejo, D/d, e a falta-a-ter do órgão do gozo. Lacan, à medida que desdobra a sua hipótese do efeito da linguagem, eu mesma já comentei isso, pode afirmar que este efeito, aquele da primeira demanda articulada, é duplo, a saber, S e pulsões, S barrado da falta-a-ser e do desejo e, depois, pulsões, cuja atividade é de gozo, mas de gozo impulsionado pela falta-a-gozar, produzida pelo efeito de linguagem sobre as necessidades. Hipótese lacaniana.

Lacan inscreve estes dois efeitos em "Subversão do sujeito e dialética do desejo" desdobrando o significante fálico, escrevendo, ao mesmo tempo, $(-\phi)$ e Φ, o falo maiúsculo. Notem que, até aí, o falo, na demanda de amor com a fórmula "ser o falo", não era mais escrito como menos *phi* $(-\phi)$. É que a falta-a-ser não se quantifica, pode-se experimentar isso mais ou menos, pode-se não se pensar sobre isso aí, mas isso não se presta para aritmética, ao mais e menos. E, no amor, cada um dá e recebe o que não tem, o falo aí é positivado, e há reciprocidade. Mas, no ato de gozo, é outra coisa, um dá o que tem, o outro o recebe. Disparidade irredutível que duplica a disparidade anatômica. Então, em "Subversão do sujeito e dialética do desejo", pode-se observar que a ênfase não é mais colocada sobre a função identificante do falo, sobre "ser o falo", mas sobre a castração, "que não é um mito", e sobre a questão do gozo. E escreve a falta-a-gozar através do (-), função imaginária da castração, à qual ele acrescenta o grande Φ, significante do gozo, aquele que resta. É um acréscimo considerável. Onde situá-los no grafo? Caso se devesse fazê-lo, Lacan não o fez, mas dá as indicações: colocar-se-ia o $(-\phi)$ sobre a linha que vai do desejo à fantasia, a linha que fecha a via imaginária, justamente;

(-ϕ) está, de fato, implícito nos dois termos da fantasia, Lacan insiste nisso e o ilustra com o casal Alcebíades/ Sócrates. Quanto ao Φ, ele está no mesmo lugar que o S(A̶), o "lugar privilegiado do gozo" que falta se inscrever no Outro.

Retomarei esse ponto. O importante para nossa questão das identificações é que este registro fálico, implícito no grafo, repercute sobre as identificações das quais falei no início, as por ele ditas imaginárias da fantasia e do eu e aquela simbólica do I(A), porque todas se encontram sob a dependência da cadeia inconsciente superior e são modificadas por ela. É assim que o grande *phi* (Φ) e os objetos pulsionais têm sua incidência na fantasia imaginária, o que é marcado pelas diversas flechas do grafo. Quanto ao I(A), o ideal do Outro, que escrevia de início no segundo grafo a identificação com todo o poder do Outro, ele se torna identificação com o Outro barrado, isto é, com o Outro inconsistente da linha superior, solidária do (-ϕ) da linha do desejo. De repente, na sequência, em "Televisão", Lacan pôde completar sua ideia da mascarada feminina. Ele havia indicado até aí, eu disse isso, que ela se situava no *paraître* [*paresser*], digamos, no fazer semblante dos ideais do sexo, próprios para satisfazer a demanda de amor, são seus termos, mas aí ele diz que ela "não é a mentira que lhe imputam os ingratos", isto é, que ela não está apenas no nível da busca de um *paresser* [*paraître*] falicizado, agalmatizado, ela tem uma função até mesmo no ato sexual, a de satisfazer ou, caso se queira, a de enganar a fantasia masculina o bastante para assegurar seu gozo. Aí, já não se está na reciprocidade da exibição e da mascarada evocada precedentemente.

Concluo sobre a questão que eu havia colocado; não há dúvida de que o registro fálico está bem colocado no grafo, ainda que não escrito e, mesmo, largamente completado pelo significante do gozo.

E o Nome-do-Pai?

Posso colocar para o Nome-do-Pai a mesma questão que coloquei para o falo: Pai, estás aí? O falo aí está, será que isso implica que o Nome-do-Pai esteja, quero dizer, que ele esteja colocado no inconsciente, como o colocava, aparentemente, "De uma questão preliminar"? Eu mesma, por muito tempo, o afirmei, induzida pela estrutura da metáfora e pelas construções que a envolvem. Ao segui-las, colocar-se-ia o Nome-do-Pai em posição de ponto de estofo de toda a cadeia do discurso, incluindo a cadeia do inconsciente e o significante fálico, subordinado ao do pai, como chave de todo o significado.

Este foi o ponto de partida de Lacan. O ponto de estofo supõe um significante que detenha o deslizamento da significação, como na mais modesta frase cuja significação permanece em suspenso até sua última palavra. Lembre-se do célebre desenvolvimento de Lacan sobre a primeira cena de *Athalie*, de Racine, mas isso vale para qualquer frase, por exemplo, "Que se diga...", interrupção da significação, "que se diga permanece...", outra interrupção, que se diga permanece esquecido, primeiro ponto de estofo, aí uma significação é colocada, ainda que este não seja o término da frase. Falar de cadeia significante, inconsciente ou não, supõe um significante que fixe o término da cadeia e que detenha, no efeito de significado, uma primeira significação que se poderá, então, interrogar sobre seu sentido. Essa construção implicava colocar o Nome-do-Pai no Outro como significante de sua Lei, o que Lacan fez explicitamente, é assim que ele o formula em "De uma questão preliminar". Isso fazia dele o que sustentava todo o sistema simbólico.

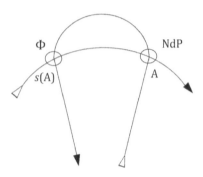

Conhece-se o ponto de chegada de sua trajetória, ele vira a mesa, eu fiz valer isso. O inconsciente não é uma cadeia significante, ele não é a cadeia significante do sujeito, ele cifra seu gozo, o inconsciente é real. Ele é um efeito de *alíngua* sobre o corpo, ele é *parlêtre* [*falasser*], ele não supõe o ponto de estofo que o discurso do sujeito implica, e o gozo produzido é ... fálico. Será preciso, ainda, se dar conta dos momentos de virada da concepção e suas razões. Sobre esse ponto, uma virada é feita em "Subversão do sujeito e dialética do desejo" no momento em que Lacan faz surgir seu grafo portanto, e, sem dúvida, foi isso que ele reteve tanto tempo, bem antes de seu seminário *Mais, ainda*, que geralmente se situa como momento de virada.

Eu parto novamente da tese bem conhecida de "De uma questão preliminar", com a função da metáfora paterna. Como em toda metáfora, o significante substituído por aquele que é recalcado produz aí um (+) no nível do significado, um (+) que se pode qualificar de imaginário segundo o esquema da subordinação do imaginário ao simbólico, S/s = S/I. A metáfora, portanto, substituindo o Nome-do-Pai pelo Desejo da Mãe, faz surgir no imaginário do significado "*un plus*", um mais, a famosa significação fálica. O significante DM, desejo da Mãe, desejo simbolizado por sua ausência, escreve já uma significação de falta, mas uma falta indeterminada que Lacan, de início, escreve com um *x*. É o *x* do "*Che vuoi?*". A metáfora lhe dá seu significante, o falo. É ele, "*le plus*", o mais, no nível do significado. E, é categórico, "é uma significação que só é evocada pelo que chamamos uma metáfora, precisamente, a metáfora paterna"[8]. Eu chamo atenção para a conclusão lógica, sendo que o Po da foraclusão no simbólico implicava, para o sujeito, o ϕ, no Imaginário da significação.

---

[8]LACAN, J. (1959) De uma questão preliminar a todo tratamento possível da psicose. In: *Escritos*. Tradução de Vera Ribeiro. Rio de Janeiro: Zahar, 1998, p. 561.

SETE

11 de março de 2015

Lembro o ponto ao qual eu havia chegado. Mostrei que as identificações imaginárias e simbólicas com o semelhante e o Outro se determinavam do desejo e passavam, portanto, pela mediação do significante fálico. Daí a importância de saber se esse significante é ou não subordinado àquele do Pai, como é colocado em "De uma questão preliminar". Daí, eu fiz um retorno a esta primeira tese, isto é, que a significação fálica só é evocada pela metáfora. Enfatizei a ambiguidade dessa significação, que equivoca entre falta-a-ser e falta-a-gozar e que, por outro lado, só alcança sua eficácia ao ser percebida no Outro, a mãe, diz-se em geral.

A identificação primordial

Construindo seu esquema R, dito por ele da "constituição subjetiva" e que, segundo ele, condiciona a própria percepção da realidade que a psicose desarranja, Lacan situa o falo como fundamento de uma identificação primordial, diferente do que ele havia dito a respeito da bela açougueira ou, mais geralmente, do neurótico.

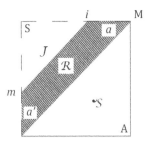

Ele fala, de fato, não do significante, mas da "imagem fálica", em que, eu cito, "o sujeito se identifica, em oposição, com seu ser de vivente"[1]. O que é o ser de vivente de um sujeito? Este sujeito não é escrito $\mathcal{S}$ no esquema R, mas S, para designar o que ele nomeia "sua realidade, como tal, foracluída do sistema". Entendam o sistema simbólico, aquele do Outro, em que ele está inscrito, certamente, mas sob os significantes do Outro, já que se fala dele antes mesmo de ter nascido, na antecipação do que se espera dele, com todo o desconhecimento das características singulares que serão as suas. Lacan diz em alguma parte "que ele nasce, portanto, hermafrodita para ver"! De saída, ele só entra, portanto, sob o modo de morto no jogo dos significantes, no fundo, como puro suposto, mas Lacan acrescenta que "é como vivo" que ele vai jogar sua partida. Então, eu lembro que a vida do sujeito não é aquela do organismo, não é a vitalidade animal, justamente aquela que a criancinha perde, à medida que ela entra na linguagem e cai sob o golpe de sua mortificação. Lacan tem uma bela expressão para falar desse hiato entre

---

[1] LACAN, J. (1959) De uma questão preliminar a todo tratamento possível da psicose. In: *Escritos*. Tradução de Vera Ribeiro. Rio de Janeiro: Zahar, 1998, 559.

o sujeito natural, S, e o sujeito efeito do significante, $. Ele evoca "a inefável e estúpida existência", dito de outra maneira, a sem-razão de seu ser no mundo. Tem-se já aí a indicação da dimensão de um real fora simbólico, aquele que vai ser escrito no nó borromeano como uma dimensão autônoma em relação ao simbólico. É bem por isso que ele é atravessado pela "questão de sua existência" e que lhe é preciso se identificar com seu ser de vivente. Sua tese diz que é preciso o desejo do Outro, porque é na condição de criança desejada que ela já está identificada no Outro por este significante do falo, o qual permite assim enlaçar a sem-razão de sua existência real ao simbólico. Mas, no que diz respeito à sua própria vida, eu o enfatizei precedentemente, o sujeito só aparece como vivo quando faz sua "entrada no real" e se subtrai do Outro, o termo é de Lacan, e que, pela articulação da demanda, nasce como sujeito libidinal, dotado da vida do desejo, sobre a qual Lacan diz que é a vida "trazida pela morte", ou seja, pelo efeito negativizante da linguagem. O falo dá seu significante a esta vida do sujeito que é o desejo.

É do furo causado no imaginário pela falta de identificação com o falo, em caso de foraclusão, que Lacan tentou pensar toda uma série de fenômenos próprios à psicose e, de início, o que ele diagnosticou a respeito do que Schreber nomeia o «assassinato da alma» como uma desordem, eu cito, «na junção mais íntima do sentimento de vida no sujeito»[2]. O que é, clinicamente, essa desordem do sentimento de vida? São bastante conhecidas as duas formas extremas, a dor de ex-sistir quando ela vai

---

[2] *Ibid.*, p. 565.

até a melancolia e depois, o oposto, a vitalidade patológica do maníaco, inclusive sua alternância, quando o sentimento da vida do sujeito, em regra geral, está estritamente correlato ao desejo. Um outro fenômeno concerne às identificações, que não faltam na psicose. Para o próprio Schreber, Lacan postula "uma identificação, qualquer que seja ela, pela qual o sujeito assumiu o desejo da mãe"[3] até o desencadeamento. O que é que as caracteriza? Constata-se, clinicamente, elas vão, às vezes, até o transitivismo no que diz respeito às identificações imaginárias com o semelhante e, quanto às identificações com o Outro, até "como se" quase débil. São identificações "imediatas", dizia Lacan no começo. O termo não se refere à sua temporalidade, mas à ausência de mediação. Expliquei longamente como geralmente as identificações mencionadas no grafo passavam pela mediação do falo, que elas velam e que se mantêm, portanto, no recalcamento. J.-J. Rousseau descreveu magníficos exemplos dessas identificações nas quais o sujeito, como ele diz, não finge nada, mas se torna um outro.

Vê-se, em todo caso, com esta identificação primordial que o falo, significante do desejo da Mãe, torna-se também o significante do ser do sujeito, que, por esse fato, encontra-se originalmente conectado ao Outro. Ela faz do sujeito um ser originalmente social e dá por isso à metáfora uma função socializante suspensa na função do pai. Por isso, compreende-se que se torna crucial a questão relativa ao que condiciona esta identificação primordial com o significante da falta do Outro. Pode-se, aliás,

---

[3] *Ibid.*, p. 572.

interrogar também a metáfora sobre uma eventual função sexualizante. Diz-se, eu mesma já o expressei, que, desde que o falo vem especificar o DM, desejo da mãe, essa metáfora assegurava a entrada em cena do desejo sexual da mulher. Deve-se discutir, eu retornarei a isso quando for falar do papel das identificações na sexualidade.

Subversão

Volto agora ao momento de virada que coloca em questão a construção da metáfora paterna em "Subversão do sujeito e dialética do desejo". É o que vou agora examinar.

A partir de "De uma questão preliminar" indo até o texto "Subversão do sujeito e dialética do desejo", Lacan desdobrou, deu uma precisão à noção do falo, sua definição, sua função, sua escritura, pressupondo ou, em todo caso, deixando pressupor, sem voltar mais a isso, sua subordinação ao significante do Pai, introduzido com a metáfora paterna. A escritura S(A̶) e a fórmula que ele vai repetir indefinidamente a partir daí, "não há Outro do Outro", bastam para derrubar essa construção. Mas de onde procede essa retificação? Da própria lógica, não importa qual, não a de Aristóteles, mas a dos conjuntos. Na sequência, seu uso da lógica dos conjuntos, sua referência a Russel, a Gödel, a Frege vai ser sistemática e explícita, mas, desde esse texto, Lacan evoca os paradoxos da lógica[4]. S(A̶) escreve a inconsistência lógica do Outro como lugar dos significantes, ele é, cito, "simbolizável pela inerência de um (-1) ao conjunto dos

---

[4] LACAN, J. (1960) Subversão do sujeito e dialética do desejo. In: *Escritos*. Tradução de Vera Ribeiro. Rio de Janeiro: Zahar, 1998, p.833.

significantes"[5], ele diz ainda que é um "traço que se traça de seu círculo", do círculo do tesouro dos significantes. Referência implícita, ao mesmo tempo, ao paradoxo de Russel sobre o catálogo dos catálogos e ao teorema de Gödel: um conjunto supõe um termo fora do conjunto, um (-1), portanto. Lacan havia colocado o Nome-do-Pai explicitamente como um (+1) que, no Outro, é o significante de sua lei.

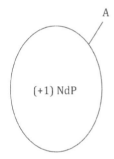

E é o que ele corrige.

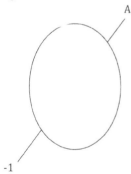

No grafo, no lugar onde o significante da cadeia do inconsciente se alinhava, ele escreve S(A̶), que simboliza,

[5]*Ibid.*

portanto, o (-1), e ele enfatiza que é "o lugar privilegiado do gozo", gozo este que, faltando ao Outro, o faz inconsistente, $\text{\AA}$, e é neste mesmo lugar que vem o grande Φ, significante do "gozo impossível de ser negativizado". Eis aí o que amarra a significação da cadeia inconsciente, está explícito. Portanto, com o grafo, nada de Nome-do-Pai no Outro, fim da metáfora, mas este fim não compromete a capitonagem da cadeia inconsciente, que é a cadeia recalcada do gozo, desde Freud. Vê-se, portanto, que esta cadeia do gozo é escrita entre dois termos: o tesouro das pulsões, de um lado, e o grande Φ do outro. Só se escreve o gozo como pulsional ou fálico, e isto sem o Pai. Tem-se, já aí, o fundamento do que vai levar, anos mais tarde, ao "não há relação sexual". A autonomia da função fálica em relação ao Pai está seguramente implicada, e é por isso que insisto no fato de que a significação fálica estava colocada no grafo em todos os níveis, como significante dos efeitos do significante sobre o significado, como $-\varphi$ na fantasia; Lacan o desenvolve longamente, e como grande Φ no lugar do gozo. Entretanto, como muitas vezes tenho enfatizado, Lacan não marcou, ele próprio, essa virada, e, de repente, continuou-se a manter a tese da subordinação dessa função fálica ao Pai. Por sorte, ele a explicitou em *O sinthoma*, o que permite lê-la retroativamente desde "Subversão do sujeito e dialética do desejo".

A função de $S(\text{\AA})$, por outro lado, Lacan a explicita. Na medida em que o significante representa um sujeito para outros significantes, isto se escreve assim: $S1 \longrightarrow S2$. $S(\text{\AA})$ é, eu cito, "o significante pelo qual todos os outros representam e sem o qual eles não representariam nada". É preciso, pois, escrever:

$$\frac{S_1}{\cancel{S}} \rightarrow S(\cancel{A})$$

O sujeito é representado junto do significante do gozo ou o que marca o lugar do gozo.

Quando Lacan escreve mais tarde, no *Mais ainda*, notadamente, que o sujeito é representado junto do saber inconsciente, junto dos significantes de *alíngua*, que marca o corpo e que preside, portanto, ao gozo, é um desenvolvimento desta escritura na qual o saber inconsciente veio para o lugar de $S(\cancel{A})$.

Espero ter feito sentir a que ponto "Subversão do sujeito" é um momento de subversão no seio mesmo do ensino de Lacan. Ele implica uma contribuição nova ao ponto de basta. Este é inerente à noção de cadeia significante e, desde o começo, ele foi pensado como produzido por um significante, aquele que se escreve geralmente S_2. Mas, com este grafo, entra-se em outro tema, é o gozo que decide o ponto de basta. Eis porque eu havia escrito um texto intitulado "Os mandamentos do gozo", que, aliás, havia tido a honra de uma magistral censura na antiga Escola. O que ele acrescenta implicitamente é que o significante é que capitona, quer se motive do gozo, quer seja ele a causa, quer seja ele mesmo gozado. Aliás, a prática mais simples da fala pode dar a suspeita disso, já que acontece muitas vezes que se vá procurar as palavras para corrigi-las. Não é, certamente, uma experiência que dê a ideia do gozo, mas, pelo menos, dá uma ideia de que há um princípio de escolha, e a escolha não pode vir de um único significante. Se há escolha do significante, essa escolha só pode vir de um ser que tem uma visada.

Função copulatória do falo

Retorno à dialética fálica, a qual, como mostrei, Lacan tornou autônoma de sua dependência do significante do Pai, para ver qual era a medida de seu alcance clínico e, especificamente, no nível sexual, já que é nesse nível que há problema. Não se pode deixar de ser tocado pelo equívoco deste termo, falo: significante da falta da castração, mas também o significante do poder, notadamente, mas não exclusivamente, sexual. Desde "A significação do falo", estas duas faces do significante estavam colocadas. Ele é significante do poder que tem o significante sobre o significável, que ele transforma em significado; de repente, ele é também significante da divisão, *Spaltung* do sujeito, que resulta do efeito significante, sujeito que, desde então, "de todo modo não pode visar a ser inteiro"[6]. Portanto, quando se diz poder do significante, isso quer dizer castração do sujeito e, eu cito, o "logos se conjuga com o advento do desejo"[7]. Nesta genealogia do desejo, a partir do *logos*, o sexo, com o que ele implica de corpo e de *sex ratio* da diferença macho/fêmea, que é real, não linguageira, o sexo não está colocado, mas o falo substituído.

Sabe-se o quanto Lacan, diferentemente de Freud, acentuou a oposição não entre ter ou não o pênis, mas entre ter ou ser o falo. Eu me detenho nisto: o que significam as expressões ter ou não ter o falo é crucial para situar a dita castração materna e o conceito mesmo da

---

[6]LACAN, J. (1958) A significação do falo. In: *Escritos*. Tradução de Vera Ribeiro. Rio de Janeiro: Zahar, 1998, p. 699.
[7]*Ibid.*

castração. A tese de Lacan é explícita. O significante fálico, no nível da castração propriamente dita, a ser distinguida de frustração e privação, funciona como objeto. Objeto imaginário na relação entre o sujeito e seus parceiros. Sobre esse ponto, Freud concedeu muita ênfase à simples ausência de pênis, parece, já que esta ausência não impede a reprodução dos discursos analíticos sobre a mãe não castrada, dita fálica, inclusive castradora. Constata-se, clinicamente, que a ausência de pênis, que, no fundo, é um real, só tem função na subjetividade da criança quando ela vale como a ausência do falo, insígnia do desejável, desejável que, na sua diferença com a necessidade, é efeito significante. A ausência de pênis só vale como ausência do falo se o que se inscreve "no inconsciente do sujeito é o desejo do Outro, isto é, o falo desejado pela mãe"[8] Tudo começa, portanto, com isto que é a falicização do desejável. O falo faz cópula entre o sujeito e o Outro; ele tem uma função mediadora entre as subjetividades do sujeito e do Outro. Mas ele não o convoca menos quando se trata da conjunção entre os corpos e quando se trata de articular a diferença entre o desejo masculino e o desejo feminino. Os dois são desejo do falo como desejo do Outro, mas uma, a mulher, encontra "o significante no corpo do homem"[9], e o outro, o homem, encontra o significante no próprio objeto feminino, na medida em que

---

[8]LACAN, J. (1960) Diretrizes para um Congresso sobre a sexualidade feminina. In: *Escritos*. Tradução de Vera Ribeiro. Rio de Janeiro: Zahar, 1998, p. 742.
[9]LACAN, J. (1958) A significação do falo. In: *Escritos*. Tradução de Vera Ribeiro. Rio de Janeiro: Zahar, 1998, p. 701.

esse objeto, uma mulher não o tem. O falo pode, assim, aproximar os corpos, que são outra coisa que não as subjetividades, conforme o caso masculino de "A direção do tratamento" e a análise que Lacan faz do casal Alcebíades/Sócrates, Sócrates que faz do mesmo modo que a mulher atrás de seu véu.

Então, de onde vem essa atribuição original da falta fálica à mãe? Virá do pai da metáfora como se acreditou? Mas, então, por que Lacan termina os *Escritos* sobre a falta de pênis da Mãe, de onde ele parte para situar a relação com a castração das diversas estruturas clínicas, como se fosse somente dela, desta falta de pênis, que se originasse o falicismo do desejo sexual?

Lacan percebeu bem que, entre o ser e o ter, havia uma pequena articulação necessária. Desde "De uma questão preliminar", ele diz que se "ser e ter se excluem, por princípio, se confundem, ao menos quanto ao resultado, quando se trata de uma falta"[10]. Estranho: tanto faz, portanto, ter uma falta e ser uma falta. Poder-se-ia pensar, ao contrário, que, no nível sexual, ali onde o corpo está engajado, o falo é o significante da castração de um, ou, de preferência, de uma, a mulher, e do poder do Outro, o homem — isto seria um retorno à ideia freudiana simplesmente transposta em termos significantes. Mas aí encontramos a diferença das fórmulas de Lacan e seu aparente paradoxo: para ele, a castração está do lado daquele que tem o órgão, e é ela que funda seu desejo, desejo que

---

[10]LACAN, J. (1959) De uma questão preliminar a todo tratamento possível da psicose. In: *Escritos*. Tradução de Vera Ribeiro. Rio de Janeiro: Zahar, 1998, p. 571.

Lacan situa como próprio do homem, não da mulher, e ele se vale para isso da estranha tese de Freud: uma só libido, a masculina, e isso vale para todos os sujeitos, mesmo quando ela se aloja em uma mulher.

Vejam que, desde "Diretrizes para um Congresso sobre a sexualidade feminina", é muito explícito. Ele afirma: "o desejo que a castração libera no macho, dando-lhe seu significante no falo"[11]. E ele nomeia os homens como "os mantenedores do desejo". Daí a ideia de que desejar não é feminino, que desejar é fazer o homem. As mulheres, ao contrário, ele as nomeia "as apelantes do sexo", o que quer dizer pedintes, ao mesmo tempo, do amor e do órgão. Esta é uma grande constante do ensino de Lacan, que se encontra também em "O aturdito": "Não há virilidade que a castração não consagre"[12]. Daí a ideia de que aquilo que o desejo feminino chama de seus votos além do véu é o "amante castrado", enquanto ser o falo, ser desejado, feminiza. Depois, Lacan propõe as fórmulas mais complexas: "o homem não é sem tê-lo", já que uma mulher, por sua vez, o procura, sexualmente falando, e em espelho, "a mulher não é sem sê-lo", visto que o desejo de um homem a situa como o objeto que lhe falta. Poder-se-ia dizer então que uma, a mulher, significa para ele "tu tens o objeto de minha falta", e o outro, o homem, "tu és o objeto da minha falta". Mas seria um erro, não é simétrico, porque ela não é senão o que está no lugar do

---

[11] LACAN, J. (1960) Diretrizes para um Congresso sobre a sexualidade feminina. In: *Escritos*. Tradução de Vera Ribeiro. Rio de Janeiro: Zahar, 1998, p. 744.
[12] *Ibid.*, p. 733.

falo, enquanto o órgão, "os atributos que ela ama" não são um substituto do falo. Eu retornarei sobre o alcance desta eficácia da cópula fálica.

25 de março de 2015

Continuo sobre a eficácia da função fálica. Lembrei qual é o segredo das identificações constituintes do sujeito, segundo o grafo, e também a cópula do jogo entre os sexos. Em todos os casos, tanto para Freud como para Lacan, nos textos aos quais me referi, ela está submetida à castração dita materna.

Castração materna

Eu me deterei um pouco no que deixei em suspenso: a questão crucial do que condiciona a emergência, a partir da falta de pênis, da significação fálica do desejo materno, significação a partir da qual, segundo Freud e Lacan, tudo começa.

A metáfora havia levado a pensar que, para fazer emergir a significação fálica, seria preciso o Nome-do-Pai. Mostrei que a autonomia dessa dimensão fálica é postulada pelo grafo dito do desejo. No entanto, o que permanece é que o significante do pai poderia ser o operador não da presença do significante, mas da emergência desta significação crucial que é a significação da castração materna. Em relação a isso, eu percebo uma grande ambiguidade da metáfora paterna. Ordenando os dois significantes da geração, pai/mãe, e os dois significantes do casal reprodutor, o homem e a mulher, a metáfora paterna se deixa tomar como uma versão do Édipo das famílias. De fato, pode-se pensar que, sendo o significante do homem-pai substituído pelo da mãe, o desejo desta toma uma significação sexual. Não é assim que Lacan o entendia, já que, em sua escritura da metáfora, no efeito produzido, a mãe não figura mais o Outro com maiúscula; no entanto, foi assim que isso foi lido. Salvo que esta sexualização, ou melhor, esta falicização do desejo da mãe pela metáfora supõe homologar o pai no papel do homem hétero, isto é, do genitor. Ora, Lacan insistiu aí, do começo até o fim, e o reafirma em "Televisão", o pai da metáfora não é o genitor, nem mesmo está necessariamente presente na família, é um puro significante, daí a noção de "pai morto", mais aparentado ao *logos* do que à carne, portanto. Então, como sexualizaria o que quer que fosse?

Penso que Lacan percebeu o problema, e disso encontro confirmação no seguinte fato. Um ano depois de *As psicoses*, Lacan passa ao seminário *A relação de objeto*, noção clássica da época, e ele comenta o caso do pequeno Hans de Freud. Deu-se, então, importância a isso em nossa comunidade, e dali se tira o argumento sobre a função sexualizante do Pai. Mas o que mostra o texto? Lacan começa por colocar em evidência o jogo cúmplice de sedução entre a criança e a mãe; o falo está, portanto, bem antes da fobia, coberto pela demanda de amor: ser o que falta ao Outro. A fobia só aparece em seguida para responder à questão do sexo, novamente surgida e correlata àquela de saber o que é ser um homem. Elas são introduzidas, esta questão e esta fobia, pela conjunção de dois dados: por um lado, pela atividade erógena do órgão, que coloca o problema de sua função entre o sujeito e o Outro no além do jogo de sedução; e, por outro, pelo desacordo sexual dos pais; o pai não beijando a mãe, o órgão carece de tomar sentido sexual. Não é mesmo, portanto, o Nome-do-Pai — o qual não faz falta — que introduz a problemática sexual; é o gozo do órgão quando necessitado de significação fálica. Mais vale dizer que, para sexualizar, para fazer do desejo do Outro, a Mãe, um desejo de mulher, é preciso outra coisa que não é a metáfora, e é claro que, em sua análise de Hans, Lacan procura esta outra coisa do lado do corpo, e dos pais, em função do casal sexual modelo, o papai e a mamãe como homem e mulher no mesmo leito, o que faz do papai outra coisa que não o pai morto do significante da metáfora. Lacan fala mesmo do pai real.

Parêntese: noto, no entanto, que, ao dizer Nome-do--Pai, ele já expressava outra coisa que não significante do Pai, porque um nome não é, propriamente falando, um significante, um nome é sempre índice de um real. Esta especificidade do nome, Lacan a enunciou em outros termos, desde "Subversão do sujeito e dialética do desejo", no seu comentário do menos-Um de S($\mathbb{A}$). É um significante impronunciável, ele diz, mas cuja operação está presente a cada vez que um nome próprio é pronunciado. E ele define assim o nome próprio: seu enunciado se iguala a sua significação. Isso significa que o nome jamais é equívoco, diferentemente do significante, que remete a outros significantes e cujo enunciado, por esta razão, nunca se iguala à sua significação. Ter-se-ia podido aplicar ao nome próprio o que ele aplica, mais tarde, à letra do sintoma: identidade de si a si. E isso coloca o nome próprio fora do campo do Outro como o S(A). Apenas um nome não se presta à metáfora, e Lacan vai dizer, então, significante do Nome-do-Pai.

Volto à função fálica para questionar os limites de sua eficácia. Até onde ela vai? Qual é, finalmente, o alcance da falicização do desejo a partir daquela do desejo do Outro? Dito de outra maneira, qual é o alcance deste par do ter e do ser do falo que Lacan fez corresponder ao par Homem/Mulher? Com essa construção, ele se dá conta da orientação do desejo em direção ao outro sexo, ou melhor, da orientação do desejo em direção ao parceiro conforme o que vale como complemento da falta fálica.

Sabe-se que Freud esperava de sua "historieta" do Édipo que esta assegurasse, pelas identificações saídas dos amores edipianos, que o rapaz e a moça se tornassem homem e mulher ou, dito de outra maneira, assegurasse tanto a conformidade sexual quanto as suas desordens. Isso atribuía ao pai uma função de conformidade sexual. Lacan e, sobretudo, seus leitores esperaram da metáfora paterna, inclusive ainda esperam, a mesma coisa. Durante todo um tempo, Lacan disse categoricamente que esta função do Nome-do-Pai era necessária para permitir a cada um "a assunção de seu sexo", permitir à mulher, como ele dizia, aliás, responder convenientemente às necessidades da criança e do homem, permitir ao menino tornar-se um homem hétero e à menina, uma mulher, ou seja, a mulher de um homem. A via régia do sexo conforme supunha, então, a função do pai e, é claro, entre parênteses, que com ela não se podia pensar a homossexualidade senão como um fracasso. Mas Lacan, muito rapidamente, percebeu a insuficiência dessa tese, eu já mostrei isso. De fato, uma questão permanecia em suspenso: o além do desejo toca ao real do sexo, que é, ao mesmo tempo, aquele da reprodução e, para o falante, o do gozo dito sexual? Lacan produziu uma resposta. O falo faz cópula entre o sujeito e o Outro, o Outro que fala tanto quanto o corpo do Outro, em direção ao qual ele se dirige, mas, na chegada, paradoxalmente, o ato dito de copulação não é copulatório no nível dos gozos. É o que diz o "não há relação sexual". E Lacan havia distinguido, desde "Posição do inconsciente", o que ele nomeava o lado do vivente, no qual colocava as pulsões como únicas vias de acesso ao Outro sexo, e o lado do Outro, de onde o sujeito constrói suas bases.

O suplemento fálico

"O aturdito" traz um complemento com as fórmulas da sexuação, então me detenho nisso. "Fórmulas da sexuação", isto não é falicização, já que a função fálica está em toda parte, dos dois lados da dita sexualização. Lacan tenta, com suas fórmulas, um matema da identidade sexual que não seja semblante, que engaje um real. Qual? Pode-se dizer o do sujeito, já que para Lacan há um só real, o da castração, e, inclusive, o real do gozo, que supõe o vivente. Poder-se-ia glosar, porque o termo sexuação implica um processo ou, em todo caso, uma operação, como quando se diz socialização, privatização etc.: uma operação, portanto, e que não se reduz a uma identificação. O todo e o não todo não designam identificações, mas uma relação com a castração. Sabe-se o alcance,

Lacan o disse. Ele busca explicar como, pelo discurso, podem ser construídas duas metades que correspondam bastante às duas metades da *sex ratio* natural para assegurar a reprodução dos corpos. É o problema que Freud buscava resolver com seu Édipo, aliás, a repartição se faz relativamente à função fálica como função de castração; e Lacan, ao se referir de novo a seu par ser ou ter o falo[1], desenvolvido, entre outros textos, em "A significação do falo", para designar "a função que faz suplência à relação sexual". Em que ela faz suplência? Em "A significação do falo", esta dialética do ser e do ter permitia estabelecer o laço entre homem e mulher no nível dos semblantes, do *paresser*. Lacan acrescenta, em 1972, a consideração do gozo, o que ele havia escrito grande phi, (Φ), em "Subversão do sujeito e dialética do desejo", mas que é, precisamente, aquele que exclui a relação sexual, a relação entre os gozos.

Bela construção de novo, mas que só dá conta de um possível porquê, desde que eles tenham feito a escolha, podem estar de um lado ou do outro, independentemente de sua anatomia, Lacan o precisa, então, nada assegura que se vá obter duas metades de sexuados correspondendo à *sex ratio*, como se obtinha quando os discursos os colocavam "em seus lugares". Eu creio que é o que se está constatando. Veem-se as etapas. A falicização, eu insisti por antecipação, governava os ideais do sexo, os semblantes que dão ares de mulher e de homem, sempre sujeitos às variações históricas, mas, no fundo, não o próprio

---

[1] LACAN, J. (1972) O aturdito. In: *Outros escritos*. Tradução de Vera Ribeiro. Rio de Janeiro: Zahar, 2003.

ato. Em "O aturdito", a operação da sexuação passa pela repartição diferencial do gozo fálico. É um real.

Mas até onde Lacan foi com "O aturdito"? O semblante fálico de "O aturdito", escrito com uma maiúscula, Φ, não é mais o mesmo que aquele da dialética do ter ou do ser, que decidia do desejo em jogo na pantomima ideal dos sexos, mas não de seu gozo real. Ele reconvoca, no entanto, esta dialética: "Não há nenhum exagero, no que concerne ao que a experiência nos oferece, em situar na questão central do ser ou do ter o falo (cf. minha *Bedeutung* dos *Escritos*)"[2]. Mas ele escreve a função desta vez com um *phi* maiúsculo, Φ x, em referência à função proposicional de Frege, para dizer que ela engaja mais que os semblantes: o gozo. Ter ou ser o Falo, escrito com maiúscula, é ter ou ser o significante do gozo que falta ao parceiro, não apenas ter ou ser a falta-a-ser do Outro. E ele emprega a expressão "suplemento" para designar essa função. Suplemento é um termo que se utiliza para a psicose quando se pergunta o que faz suplência ao Nome-do-Pai foracluído. Aí, o falo faz suplência à relação sexual foracluída pela linguagem, que não saberia nem se enunciar nem se escrever. Há suplência desde que ele, o falo, permita estabelecer o laço com o Outro sexo e também um gozo supletivo, o gozo fálico. Desse gozo, pode-se certamente dizer, como ele o faz em *Mais, ainda*, "isso não é isso", mas, mesmo assim, ele é, na falta de um gozo que faria relação. É um gozo que, portanto, faz suplência, mas que também cria obstáculo ao que o homem possa gozar... da mulher. É o que Lacan precisou

---

[2]*Ibid.*, p. 457.

em "Televisão", logo depois de "O aturdito". Os ares de sexo que têm uma função no amor e no laço desistem no momento da verdade do ato. Eu cito: "a verdade se recusa com mais frequência que, por sua vez, exigindo do ato ares de sexo que ele não pode sustentar, vem o fiasco: pautado como partitura musical"[3].

Vejamos, pois, o que promete finalmente este suplemento fálico. Ele permite repartir os falantes na alternativa do todo ou não todo do gozo fálico, porém, primeira reserva de importância, se se acredita em Lacan, esta alternativa não é restritiva. Que os sujeitos tenham a escolha não basta para garantir que a *sex ratio* esteja assegurada, quero dizer que não está assegurado que os humanos continuem a se repartir em duas metades homólogas àquela de seus sexos anatômicos. Eu creio que é o que verificamos neste começo de século e se vê por aí que Lacan era bem contemporâneo de seu século.

Segunda reserva: esta função não dá conta nem da escolha do tipo de parceiro nem das condições do gozo que dela se obtém. É patente, desde então, que no todo fálico há, Lacan o precisa, héteros, homos, abstencionistas também. A identificação com um ou com outro não decide o tipo de casal que convém ao sujeito e deixa, portanto, em suspenso a questão de saber como isso se resolve. Não entro nessa questão, indico apenas as respostas dadas por Lacan. Ele respondeu, de início, com a tese do parceiro-objeto, o que quer dizer, certamente, que este não é *standard*, mas determinado pela fantasia própria a

---

[3]LACAN, J. (1973) Televisão. In: *Outros escritos*. Tradução de Vera Ribeiro. Rio de Janeiro: Zahar, 2003, p. 538.

cada sujeito. A "não relação sexual", conjugada às relações que há entre os sexos, implica que o parceiro seja... de encontro. É o bê-a-bá da experiência na análise e fora da análise. Como um homem encontra uma mulher? Por acaso, responde Lacan, pilheriando, *Touché*; os amores surgem do regime do encontro, isto é, da modalidade da contingência. No encontro, que a estrutura impõe como necessário por falta de inscrever a relação, o sujeito se repete, ele se repete como Um sem o Outro, encontro faltoso, mas um com o *a* de sua fantasia. É o que coloca "Televisão": "O sujeito é feliz. Esta é até sua definição, já que ele só pode dever tudo ao acaso, à fortuna, em outras palavras, a que todo acaso lhe é bom para aquilo que o sustenta, ou seja, para que ele se repita"[4]. Ele se repete como UM sozinho.

A tese conduzirá ao "há Um" mesmo na relação. Era o primeiro lado da tese. Isso não dizia de onde vem o gozo que se obtém do parceiro. No que lhe concerne, "O aturdito" respondia: "Nada funciona, portanto, senão pelo equívoco significante, isto é, pela astúcia por meio da qual o ab-senso/a ausência da relação se tamponaria"[5], e isso conduzirá Lacan a dizer, um pouco mais tarde, vocês gozam de seu inconsciente, mesmo no leito, e o parceiro é sintoma, sintoma de gozo que completa o parceiro objeto causa do desejo. O gozo, então, vem também do inconsciente, mas não no sentido da cadeia da fantasia,

---

[4]*Ibid.*, p. 525. Nota de rodapé da edição: No original, *bon heur*. Ao separar a palavra, Lacan reúne tanto o sentido de *bonheur* (felicidade) quanto o de bom/feliz (*bon*) acaso (*heur*).
[5]LACAN, J. (1972) O aturdito. In: *Outros escritos*. Tradução de Vera Ribeiro. Rio de Janeiro: Zahar, 2003, p. 459.

no sentido do inconsciente-real, fora sentido, que casa o verbo, quero dizer *alíngua*, e o gozo. Não desenvolvo essas teses, muito complexas e pouco assimiladas na prática, eu apenas as menciono para indicar o limite do que asseguram as fórmulas da sexuação quando se trata de dar conta do casal dos corpos, porque dizer parceiro-sintoma é dizer que o "há Um" se realiza no seio mesmo do casal do gozo.

O coletivo e o individual

Vou passar agora a outro capítulo, que diz respeito ao alcance das identificações como elas são pensadas até aí, no movimento analítico, digamos, por Freud e por Lacan. Elas operam em dois campos distintos, de início no nível da constituição do que Freud chamava o *Ich*, termo que equivoca entre o que Lacan nomeia, respectivamente, o eu e o sujeito. São identificações que se podem qualificar de constituintes, e tudo o que lembrei a propósito do grafo do desejo vai nesse sentido. E, depois, as identificações, no nível das relações entre os membros de um coletivo que se possa declinar em diversos termos, grupo, multidão, massa, sociedade. Constituindo-se pela identificação, o sujeito é um ser social, mas, nesse nível, as identificações têm uma função específica, digamos, de cimento social, é outra problemática. A questão que se coloca é a da relação entre estes dois níveis — o do individual e o do coletivo —, sendo a psicanálise muitas vezes acusada de só se ocupar do primeiro.

Contexto

Foi Freud quem introduziu, na psicanálise, o problema do laço social no seu texto de 1921, "Psicologia das massas e análise do eu". Qual é o pano de fundo de suas preocupações? Eu gostaria de colocar em perspectiva o aparecimento deste novo problema teórico em Freud tanto quanto em Lacan, já que nós o herdamos, em outro contexto, e questões prático-teóricas não surgem do nada.

Freud abre seu texto com uma retomada das teses de Le Bon, que ele mesmo retomava de teses anteriores, cito Freud, presentes desde "os primeiros tempos da literatura, por pensadores, estadistas e poetas". Consenso prévio, portanto, sobre a crítica, a denúncia dos efeitos do grupo sobre o indivíduo, que se prolongam, é preciso dizer, até nós. Freud não contesta, ele designa o que ele nomeia "os dois axiomas da psicologia das massas", a saber, "a exaltação dos afetos e a inibição do pensamento"[6]. Axioma quer dizer que é o que se tem como adquirido. Vejam vocês os pressupostos do axioma: supõe uma ideia do indivíduo, de alguém cujo pensamento não estaria inibido nem os afetos exaltados. É a ideia do indivíduo do Iluminismo, impensável antes do século XVIII. Critica-se a massa em nome de um indivíduo tomado como valor e definido por sua racionalidade. Freud, aliás, fala do "progresso que constitui a passagem da psicologia das massas à psicologia individual"[7]. Mas qual é o contexto histórico? Ele escreve em 1921, a Revolução Russa já acontecera, e sabe-se o quanto Freud não era favorável ao coletivismo crescente do ideal comunista. Quanto ao nazismo, ele

---

[6] FREUD, S. (1921) Psicologia das massas e análise do eu. In: *Obras completas, volume 15: Psicologia das massas e análise do eu e outros textos (1920-1923)*. Tradução de Paulo César de Souza. São Paulo: Companhia das Letras, 2011, p. 32.
[7] *Ibid.*, p. 100.

não havia ainda triunfado, sem dúvida, mas estava em ascensão e eis por que Lacan pôde dizer que esse texto de Freud era premonitório. Não há dúvidas, no horizonte de seu texto, há o risco percebido dos coletivismos crescentes que fizeram o drama do século XX.

Ora, no mesmo momento, as consequências da grande catástrofe da guerra de 1914 atualizavam outro risco, fazendo passar ao ato uma formidável potência de desagregação. Esta guerra marcou, de fato, uma virada porque tocou na articulação do que vincula os indivíduos ao grupo. Durkheim, sociólogo nascido em 1858 e falecido em 1917, se encarregou de precisar de que é feito o sentimento social de pertencimento, o que se chama hoje em dia de integração, de uma maneira muito convincente. Durkheim chama atenção para duas expectativas que surgem aí: a da proteção, que constitui o pertencimento a um coletivo, qualquer que ele seja, e a do reconhecimento que o indivíduo pode aí encontrar. Proteção e reconhecimento eram, portanto, pensados como princípios pelo fato de que os indivíduos pudessem se identificar a um grupo social. Ora, esta guerra e o desastre econômico que ela provocou os abalaram profundamente (cf. as neuroses de guerra que Freud evoca neste seu texto) e, sem dúvida, começaram a tocar neste ponto de junção entre o indivíduo e o pertencimento a um grupo. Aliás, talvez tenha sido esse abalo que tornou perceptível essa articulação enunciada por Durkheim.

Por outro lado e ao mesmo tempo, o texto se situa no rasto do próprio avanço de Freud com o "Além do princípio do prazer" e a pulsão de morte — que, segundo Lacan, designam o registro do gozo. Aí, o risco percebido é outro; não é aquele das massas cegas, é o inverso, o dos deslaçamentos, da ruptura dos laços libidinais, que são os laços vitais para os indivíduos. Este risco percebido não é fantasmático em Freud, como o é, muitas vezes, hoje em dia, em certos contemporâneos; Freud descobriu a potência de desagregação, que ele nomeia pulsão de morte na transferência, pela construção de seu conceito de repetição.

Esta coincidência entre o que se elabora na experiência analítica, sempre individual, e os acontecimentos da história do corpo social é um índice sólido em favor do que Freud afirma, a saber, que os dois campos, ainda que não idênticos, não são heterogêneos, mas ordenados pelas mesmas forças que constituíram o indivíduo.

Vejamos Lacan. Ele escreve a estrutura de seus discursos como laço social dois anos depois dos acontecimentos de maio de 1968. O protesto dos estudantes não era senão um de seus aspectos, mas colocava em questão os laços hierarquizados da universidade, da família, da política, dito de outra maneira, as proibições e normas da época, digamos, os S_1 em função. De fato, nas vozes múltiplas dos que protestavam, havia dois polos, a tendência anarquista e humorística, "proibido proibir", mas também a tendência coletivizante do pequeno livro vermelho e de sua revolução cultural, que, aliás, seria melhor chamar de repressão cultural, que fazia muito barulho e que impagavelmente contestava o mestre em nome de Mao! Lacan deu uma interpretação para aqueles que esbravejavam: "Como revolucionários, vocês aspiram a um mestre/senhor", que mirava claramente a segunda, aquela que dizia respeito diretamente à família. Em todo caso, em 1968, uma ordem parecia ameaçada, a ordem estabelecida, e a saída permanecia em suspenso, ainda incerta. Ora, Lacan começava o seu seminário sobre os discursos no começo de 1969 e, observem, não para tomar a defesa do passado, como alguns fizeram e continuam a fazer. Sua elaboração respondia, com a de Freud, ao risco do que se esboçava, pelo menos de um certo lado, a saber, a tentação totalitária. Essa tentação não tomou, na França, a forma terrorista que tomou na Alemanha com a facção de Bader e na Itália com as brigadas vermelhas, mas ela estava ali, e a posição de Lacan não a colocava em dúvida. Vejam as páginas 530 e 531 de "Televisão", nas quais Lacan isenta a repressão familiar da maldição sobre o sexo e concede-lhe o mérito de permitir o que a ordem estabelecida no Leste, nos dois blocos comunistas, exclui, a saber, "nem mesmo para um esboço de liberdade"[8]. É nesse contexto que Lacan produz seus quatro discursos. São quatro tipos de ordem social, e ele não tem dúvidas de que, como Freud, sua questão é certamente teórica e interroga a estrutura dos possíveis laços sociais e seus efeitos individuais, mas é no contexto de um risco histórico preciso.

Enfatizo, pois, a homologia com Freud nos dois casos; para Freud, em 1921, e para Lacan, em 1968, o pano de fundo de suas elaborações é, ainda que de forma diferente, a emergência, o risco da tentação coletivista, o horizonte da massa, portanto, em um momento em que as forças disruptivas se manifestam na guerra e na revolta. Mas a homologia vai ainda mais longe: tanto para Lacan como

---

[8]LACAN, J. (1973) Televisão. In: *Outros escritos*. Tradução de Vera Ribeiro. Rio de Janeiro: Zahar, 2003, p. 530-531.

para Freud, suas elaborações são trazidas porque foram pensadas a partir da experiência analítica e de alguma observação sociológica ou histórica. E o que é isto senão o estatuto do gozo no além do princípio do prazer; inclusive, não faz relação sexual e se impõe como o que chamei de uma potência de desagregação. Não esqueçamos que é em "Radiofonia", em junho de 1970, justamente no término do seminário *O avesso da psicanálise*, que Lacan introduziu a fórmula "não há relação sexual". Tanto um quanto o outro abordam, portanto, o que Freud nomeou de psicologia coletiva — as ciências humanas não haviam ainda levantado voo — a partir do "sujeito do individual", tal como a experiência analítica o elucida. Lacan o formulou, aliás, dizendo que não é ao se observar o comportamento das pessoas — patada em direção à sociologia — que se inventa a pulsão de morte, ou seja, este poder que desfaz o que Eros reúne.

NOVE

8 de abril de 2015

Entrei em um novo capítulo, que vai me levar à função possivelmente coletivizante das identificações. Tentei mostrar como, tanto para Lacan quanto para Freud, a questão do laço se introduziu no ponto de convergência das ameaças históricas de suas épocas e de suas elaborações propriamente analíticas. Para Freud, de um lado, era o abalo produzido pela Guerra de 1914-1918 e o aumento dos coletivismos, que iriam se inflamar no século XX, e de outro, a sua descoberta do além do princípio do prazer e da pulsão de morte. Para Lacan, de um lado, o abalo de 1968 e também aí as tentações coletivistas, porém logo abortadas, e, de outro, sua elaboração sobre os gozos não sociáveis, que se confirmaram a partir da análise dos sintomas.

Nosso contexto

Abordamos a questão em outro contexto, certamente; então, o que mudou hoje em dia, para nós, uns cinquenta anos depois de Lacan? Bem, a mudança não vem da psicanálise, porque, sobre este tema, nenhum avanço consistente foi produzido. As análises de Freud sobre a estrutura da massa parecem definitivas, continuam a nos instruir. Do mesmo modo, os avanços de Lacan sobre a estrutura dos discursos suplentes da não relação e sobre o hiato entre, de uma parte, o real do gozo, o "Y a de l'Un" (Há Um), ao qual ele preside, e, de outra parte, a verdade dos laços libidinais, que enlaçam um sujeito ao Outro e aos outros, continuam a nos orientar e, aliás, a nos impor elaborar, caso a caso, a clínica do nó entre verdade e real.

Em contrapartida, o contexto histórico dos laços sociais mudou. Não é fácil dizer exatamente em quê. Enfatiza-se, hoje em dia, sua fragmentação, um movimento de desenlace, portanto. Lacan dizia seu "remanejamento" no fim de sua "Proposição", em que fala da crise e, inclusive, do fim das organizações fundadas sobre uma hierarquia simbólica, como a da família de outrora, mas o que é certo, o que faz índice, é que a queixa dominante no discurso comum, que se faz ouvir através da literatura ou das diversas mídias, se inverteu. Queixava-se da coleira apertada dos constrangimentos sociais, podia-se dizer "família, eu te odeio" — frase atribuída a André Gide, morto em 1951 —, gritar " abaixo os mestres"; hoje em dia, ao contrário, deplora-se a instabilidade, mais geralmente a precariedade dos laços, sua desagregação, a ameaça do isolamento e da rejeição, todos fenômenos imputados à instrumentalização dos indivíduos pelo mercado, e depois se grita contra a impotência dos políticos de Estado em proteger os indivíduos. De repente, vê-se um levantar de defensores do velho mundo. Por ocasião do último seminário do Campo Lacaniano, dois entre eles foram evocados por aqueles expositores,

Marcel G. Agamben, que, apesar da qualidade de suas análises, sonham, entretanto, com o tempo de antes, respectivamente, aquele no qual o UM maiúsculo era suposto de fazer coesão e em que os sujeitos não estavam ainda "dessubjetivados". Mesmo na psicanálise, essa inquietude toma a forma do pesar, da nostalgia do tempo no qual se escrevia o Pai com maiúscula e se temiam as novas tecnologias, as redes etc., enfim, o futuro em gestação. O futuro, certamente, é sempre inquietante, porque não se sabe de onde ele irá emergir e, depois do século XX, não está mais assegurado que ele prometa "les lendemains qui chantent" [os róseos amanhãs"[1]]. Em todas as épocas, existiram nostálgicos do passado que denunciavam os novos tempos, mas observem que todos os que permaneceram na história como contemporâneos de seus tempos foram aqueles que produziram o novo e que, aliás, geralmente foram malrecebidos por seus contemporâneos. Pensem, no começo do século XX, o que se passou na pintura, nas artes, na literatura... o aparecimento da psicanálise. Insisto porque, nesse contexto, os analistas são intimados a tomar posição, como Freud e Lacan o fizeram. Tomar posição quer dizer não simplesmente repetir o que as mídias já dizem, exclusão, precariedade, solidão, mas, sobretudo, se orientar, se possível sem ideologia, em função da experiência analítica e da experiência do sintoma.

---

[1] "*Les lendemains qui chantent*", conhecida expressão do político e jornalista Gabriel Péri (1902-1941), transformado em lema comunista alusivo ao futuro feliz do povo após a revolução socialista. In: LACAN, J. (1973) Televisão. In: *Outros escritos*. Tradução de Vera Ribeiro. Rio de Janeiro: Zahar, 2003, p. 540.

Nos passos de Freud

Retorno a Freud. Eu li "Psicologia das massas e análise do eu", seguindo os passos sucessivos do texto, como faço com Lacan, às vezes, tentando extrair o ensinamento não apenas dos enunciados, mas também dos procedimentos. Gostaria de fazer valer um aspecto que não se enfatiza suficientemente. Vale a pena reler a introdução desse texto, cujo título indica, claramente, o duplo campo no qual as identificações operam. Percebe-se aí que Freud colocava o problema do que nós chamamos hoje em dia de laço social, aquele em relação ao qual tanto se inquieta, e seria preciso ver precisamente por que ele coloca esse problema. Ele partia, inclusive, de uma hipótese sobre a relação entre o indivíduo e o coletivo.

Uma só psicologia

Lembro-lhes alguns de seus termos no começo da introdução: "Na vida psíquica do indivíduo tomada isoladamente, outro intervém regularmente enquanto modelo, sustentáculo e adversário e por este fato a psicologia individual é também de saída e simultaneamente uma psicologia social"[2]. Nos termos de Lacan, dir-se-ia: o sujeito é um ser social. Na página seguinte, Freud precisa que, na família, o indivíduo sofre apenas a influência de um número pequeno de pessoas às quais ele está libidinalmente ligado. O laço de identificações — evocadas aqui pela palavra "influência" — com o registro da

---

[2]FREUD, S. (1921) Psicologia das massas e análise do eu. In: *Psicologia das massas e análise do eu e outros textos (1920-1923)*. Tradução de Paulo César de Souza. São Paulo: Companhia das Letras, 2011, p. 14.

libido é claramente afirmado. Quando Lacan, ao comentar seu grafo, diz que o sujeito se constitui no campo do Outro e que as identificações, aquelas que são inscritas no seu grafo, "se determinam do desejo", ele está sobre o mesmo eixo, e isto próximo do que terá acrescentado sobre a determinação dos falantes pelo significante, pela linguagem.

Freud acrescenta alguma coisa. A psicologia individual é uma psicologia social, mas se opõe a outros processos, narcísicos, "nos quais a satisfação pulsional se subtrai à influência de outras pessoas ou renuncia a isto". Já se está sob o registro do que pode romper o laço. É desde esse ponto que Freud aborda o problema da massa a partir da objeção narcísica, se posso dizer assim. Ele observa que, na massa, o indivíduo está "isolado" no meio de um grande número de pessoas estranhas (o que significa que ele não está ligado a essas pessoas por um laço libidinal), "enquanto membro de uma tribo, de um povo, de uma casta, de uma classe, de uma instituição ou de um agregado humano que se organize em determinado momento, para certo fim". Para nós, que lemos Lacan, todos estes termos tão simples, tão concretos, tribo, povo etc., implicam mais que o número de indivíduos, eles implicam semblantes que unificam, e compreende-se, portanto, que é, de fato, a questão das identificações determinadas pelo Discurso do mestre que Freud visa abordar.

Depois dessa lembrança, deste primeiro passo ao dizer que a psicologia do indivíduo é uma psicologia social, Freud marca a recíproca para o que é do grupo: ele recusa a ideia que estava no ar de alguma pulsão social originária e sustenta que os começos da formação de uma suposta pulsão gregária, que ele nomeia, em inglês, de "herd instinct", "group mind", uma suposta disposição para o laço social, são para serem procurados, de fato, no círculo mais estrito da família, isto é, ali onde está em jogo a libido individual. Poder-se-ia mesmo dizer que, se a psicologia individual é social, a psicologia social é, ela própria, individual. Não é o que Lacan vai trazer quando ele diz que o coletivo nada mais é que o sujeito do individual?

O amor "civilizador"

Freud elimina, em seguida, de início, as teses de Le Bon e de MacDougall, depois ele refuta a explicação dos dois "axiomas da massa", afetividade exacerbada e pensamento inibido, pela sugestão de que ela própria deva ser explicada, e substitui aí a sua hipótese da libido, que já esclareceu a psicologia individual e que é a energia das pulsões sexuais, isto é — ele o precisa e insiste —, do amor entre os sexos e do amor em geral. Ele homogeneíza, pois, o que nós distinguimos, o amor como sentimento e a exigência de gozo, e se justifica. As "pulsões amorosas são, portanto, chamadas em psicanálise pulsões sexuais"[3]. De referência ao Eros de Platão e a São Paulo com a epístola aos Coríntios, ele coloca os pontos nos is, o amor entre os sexos, o amor de si, o amor filial, parental, a amizade, o amor dos homens, dos objetos, das ideias, todas essas formas derivam de sua origem, que impulsiona a união

[3] *Ibid.*, p. 44.

dos sexos. Caso se objetasse o que a experiência mostra, a saber, que a visada do gozo do desejo sexual não é idêntica ao amor que está em jogo entre o sujeito e o Outro da fala, Freud teria sua resposta. No amor, é a mesma pulsão, mas... inibida quanto à finalidade. Pode-se seguir essa insistência sobre a diferença entre pulsão direta e pulsão inibida quanto à finalidade, ao longo do texto, para apreender o uso que Freud faz disso.

Freud acentua traços comuns ao casal e à massa: a tendência a se aproximar e... o sacrifício de si. Ele conclui, assim, que a mesma pulsão constitui o cimento dos casais e das massas. Cito: "as relações amorosas (em termos neutros, laços sentimentais) constituem igualmente a essência da alma das massas"[4]. Ele o demonstra em seguida, a propósito da Igreja (católica, ele precisa) e do Exército. Nos dois, isto é bem conhecido, existe, eu cito, a "miragem (ilusão) que um Chefe supremo está aí que ama todos os indivíduos com um amor igual... [...]. É indubitável que o laço que une cada indivíduo ao Cristo é, igualmente, a causa de seus laços mútuos"[5]. Dois laços, portanto, nestas massas, o laço de cada um ao chefe e o laço de cada um a cada um.

Apreende-se aí uma das razões de seu interesse pelas formações de massa. Elas produzem o que é impensável para Freud, isto é, a suspensão dos sentimentos hostis, negativos, da ambivalência, ou seja, a suspensão do narcisismo que não se encontra em nenhuma outra parte salvo no amor, justamente. A massa transforma o indivíduo

---

[4]*Ibid.*, p. 45.
[5]*Ibid.*, p. 47.

"em um nível muitas vezes profundo". Fora da massa, ele tem "sua continuidade, sua consciência de si, suas tradições e hábitos, uma atividade laboriosa e um lugar que lhe é próprio e ele se mantém isolado dos outros com os quais rivalizava". Estamos, por consequência, no campo da identidade e da competição. Na massa, o indivíduo não perde somente a sua capacidade de pensar, de julgar, ele renuncia também a todos seus índices identitários, mesmo os do sexo. O que a ordem social, para nós, o discurso do mestre, não alcançava realizar a massa o realiza. A hostilidade ao outro, ao estrangeiro, que Freud supõe ser uma potência quase natural por ser fundada sobre a libido narcísica, esta hostilidade é estranhamente superada em proveito de sentimentos de fraternidade e de solidariedade (ao preço da segregação).

Para Freud, isto é o verdadeiro problema colocado pela massa, não é o que se sabia bem antes dele, eu já lembrei isso, a saber, a docilidade do indivíduo na massa e os perigos que isso comporta, com a estupidez, a credulidade e a criação do que Lacan nomeará "la chair à parti"[6], o que interessa. Para Freud, nesse momento, a questão está em saber como a competição mortífera pode ser contida, como é possível uma tal limitação do narcisismo batalhador do indivíduo. Resposta, eu cito: "ela só pode ser produzida por um único fator, pelo laço libidinal a outras

---

[6]Nota da tradução: Em francês, "la chair à parti". Em "Radiofonia", Lacan refere-se à expressão "la chair du Parti", traduzida como "a carne do Partido" (LACAN, J. [1970] Radiofonia. In: *Outros escritos*. Tradução de Vera Ribeiro. Rio de Janeiro: Zahar, 2003, p. 413). Em nota de rodapé, há uma observação de que essa expressão de Lacan soa também como "cadeira do Partido".

pessoas"[7]. Da mesma forma, no desenvolvimento mítico da humanidade inteira: "o mesmo no indivíduo, [...] apenas o amor age como fator de civilização"[8]. Portanto, em resumo: do indivíduo ao grupo, uma só psicologia e um só fator de coesão, o amor.

Mas são estas pulsões de amor "que se desviaram de suas metas originais sem que por isso atuem com menos energia"[9]. Eis aí uma outra tese de Freud que merece nossa reflexão: o amor é tão forte quanto a pulsão sexual no sentido próprio, e de tal maneira forte que ele é capaz de se opor ao narcisismo. Parece-me que Lacan está bastante afastado dessa perspectiva, mas é porque ele opera com três termos e não dois — amor, desejo e gozo. Com Lacan, o do grafo, sem dúvida se poderia dizer: o desejo é tão forte quanto a visada do gozo sexual, mas não o amor; e, para ele, é o desejo que determina as identificações, não é o amor. Apenas é mais complexo porque há um laço entre amor e desejo, pois o amor, sendo demanda, veicula o desejo, e, mesmo quando é o amor que parece operar, o segredo de sua força é o desejo que ele carrega consigo. Mas passo. Prossigo com Freud, que insiste muito sobre o lado sacrificial do amor. No amor, o eu ideal, que é o eu do narcisismo, se empobrece em proveito do outro, o qual, inflado pela transferência de libido, se torna idealizado, ideal do eu. Definição do

---

[7] FREUD, S. (1921) Psicologia das massas e análise do eu. In: *Obras completas, volume 15: Psicologia das massas e análise do eu e outros textos (1920-1923)*. Tradução de Paulo César de Souza. São Paulo: Companhia das Letras, 2011, p. 58.
[8] *Ibid.*, p. 59.
[9] *Ibid.*

amor: ele é, portanto, a confusão do objeto e do ideal, ou uma transferência do ideal do eu sobre o outro. Freud descreverá a oposição entre o amor, que eleva de tal maneira o objeto que ele é inibido quanto à finalidade, e a satisfação sexual direta, que o reduz. Daí a vantagem, dizia Freud, das pulsões inibidas quanto à finalidade: são as únicas que podem assegurar laços duráveis, porque o ato não estabelece senão o laço efêmero do momento da posse. Em nossos termos, o amor faz laço, o gozo, desenlace. Voltarei a isso.

As três identificações

No fim do capítulo VI, está-se no tema do amor civilizador com prova através da massa. Chega-se ao capítulo VII: A identificação. Por quê? Freud o justifica. Depois de ter afirmado sua hipótese, ele recua um pouco e questiona se o amor é o único tipo de laço com o objeto ou se há outros mecanismos de laço. Ele imediatamente afirma que sim — a identificação —, que ele introduz, então, como sendo não homogênea ao amor, mas outra coisa, com a questão de saber como os dois se articulam.

Vou fazer uma releitura das três identificações de Freud, tendo em vista precisar, no final, o que se extrai daí em relação à sua questão sobre a massa. Mas, evidentemente, elas nos interessam para além disso, e vou trazer a leitura que fiz a respeito. Das três identificações, duas — a primeira e a terceira — são independentes da relação libidinal com o objeto de amor. A segunda se distingue em relação a esse ponto.

Começo pela primeira, a identificação com o pai, que não passa pelo amor, isto é, não passa pela escolha de objeto e que até mesmo a precede; Freud insiste sobre isso. Muitas vezes, ao comentá-la, invoca-se imediatamente o pai primitivo da horda e, na verdade, isso não se encontra lá. Mas leiamos de novo o texto de Freud, sua simplicidade me toca: "A identificação é conhecida da psicanálise como expressão primeira de um laço afetivo a uma outra pessoa". O que é este laço da primeira identificação? Ele toma seu pai como ideal, quereria se tornar e ser como ele. Uma identificação exemplar da qual Freud comenta as características que a diferenciam da escolha do pai como objeto de amor. "No primeiro caso o pai é o que se quereria *ser*, no segundo o que se quereria *ter*. O que faz, portanto, a diferença é que o laço recai sobre o sujeito ou sobre o objeto do eu". E este laço, pois, é possível antes de qualquer escolha de objeto: "A identificação aspira tornar o eu próprio semelhante ao Outro tomado como modelo". Observação: este *ser* e *ter* de Freud é um outro par, diferente daquele de Lacan, e se trata claramente de uma identificação constituinte do sujeito. Até aí, nenhum problema. Freud a disse primeiro porque ela joga um papel na pré-história do complexo de Édipo. Essa pré-história não é "Totem e tabu", é um tipo de laço independente da diferença dos sexos, do laço libidinal homem/mulher, Freud insiste sobre isso, independente do trio edípico, que não supõe, pois, o objeto materno e, mesmo quando há laço com a mãe, ele diz que os dois laços permanecem independentes. No artigo seguinte, "O eu e o isso", ele enfatiza, aliás, o traço. Seria, eu cito, "mais prudente dizer 'identificação com os pais' porque antes da certeza do conhecimento da diferença dos sexos, da falta do pênis, pai e mãe não são vistos como tendo um valor diferente"[10]. Como comentar esta primeira identificação sem levar em conta o que Freud escreve aí?

Ora, que são os pais independentemente da diferença dos sexos senão aqueles que encarnam o Outro de Lacan? Aliás, ponto essencial, se o menino em geral, dito de outra maneira, todo menino, independentemente do menino que ele é e do pai que ele tem, se todo menino toma seu pai como modelo, certamente, isto não é em razão das características próprias de seu pai, o seu próprio pai. Freud se situa aí claramente no nível de uma estrutura universal, e, levando em conta a última observação que citei sobre os "pais", ele coloca que toda criança toma o Outro, aquele que para nós está em posição de Outro, como modelo. Não se está longe do que Lacan visa em seu esquema R. Se limitamos isso ao pai, como Freud o faz muitas vezes, dir-se-á que todo menino toma seu pai, qualquer que seja ele, como modelo. Então, em razão de quê? Por que ele é maior, mais forte? Isso seria o recurso ao imaginário e também, sobretudo se estivermos inspirados pela sociologia, seria em razão do fato de que, na família do tempo de Freud, os pais, todo pai era uma potência social e sexual. Não seria isso absurdo, mas voltaria a dizer que seria em razão do fato de que, no discurso, o pai é um significante de exceção, como significante do poder. Dizer que o pai é um significante de exceção é do Freud com Lacan, o que quer dizer elucidado por Lacan. Mas recorrer ao pai gozador da horda,

---

[10] FREUD, S. (1923) O eu e o id. In: *Obras completas, volume 16: O eu e o id, "Autobiografia" e outros textos (1923-1925)*. Tradução de Paulo César de Souza. São Paulo: Companhia das Letras, 2011, p. 39.

o homem de todas as mulheres, como muitos o fazem, seria misturar o Freud de 1920 com o Freud de 1913, e isso só causaria confusão, porque, certamente, o pai da horda é uma exceção, mas não é uma qualquer, é uma exceção que implica uma característica precisa de gozo, enquanto o parágrafo de Freud, tal como ele se formula, exclui qualquer característica específica e toda referência ao gozo sexual. É verdade que Freud, por não dispor da categoria do significante, se interroga sobre essa operação, ele evoca nas páginas seguintes a estranha incorporação oral, o canibalismo, referências que se tornam inúteis quando se tem a noção da identificação pelo significante. Dizer, como Freud o fez, o menino é falar do universal de todos os meninos e, portanto, do universal do pai, e independentemente de seu laço com a mãe, portanto independentemente de seu gozo. E digo, também, o próprio Freud observa que é difícil dar "uma representação metapsicológica concreta" dessa identificação. Ele não convoca, portanto, seu mito. Para nós, não se concebe que o menino se identifique com seu pai sem o significante do pai. Aqui coloco um parêntese sobre a função dessa identificação: eu comentei longamente a identificação primordial com o falo em Lacan, em "De uma questão preliminar", para marcar sua função crucial, necessária, de enganchamento do real ao simbólico, da "inefável e estúpida existência"[11] à ordem do Outro, à linguagem e ao discurso a partir do qual o

---

[11] LACAN, J. (1959) De uma questão preliminar a todo tratamento possível da psicose. In: *Escritos*. Tradução de Vera Ribeiro. Rio de Janeiro: Zahar, 1998, p. 555.

pequeno vivente pode se humanizar. Freud está sobre o mesmo terreno com esta primeira identificação, constituinte do sujeito.

As duas identificações seguintes têm em comum, o que é pouco enfatizado, mas textual, serem identificações próprias à neurose, porque são identificações pelo sintoma — num caso, a tosse, no outro, a crise de nervos —, o sintoma implicando o recalcamento, Freud o diz assim, explicitamente, para os dois.

Para a segunda identificação, às vezes se diz identificação com o traço unário e mais nada. Devemos ser mais precisos. Freud diz identificação pelo sintoma. São casos nos quais é o sintoma que é tomado de empréstimo, seja à rival, seja ao objeto edípico. Exemplo: uma tosse dilacerante, a de Dora. Freud precisa que se trata do mecanismo completo de formação do sintoma histérico. E acrescenta: "a identificação tomou o lugar da escolha de objeto". É uma fórmula eminentemente problemática, Lacan observou, porque, é claro, não é uma identificação que masculinize Dora. E, aliás, é isso que Freud insiste em dizer, que esta identificação é parcial, só toma de empréstimo um traço, traço este que Lacan rebatizou como traço unário. O traço unário emprestado não é este com o qual ela se identifica, porque, neste caso preciso, ela se identifica pela tosse, que é o traço parcial, traço unário, e ela se identifica com seu pai. Mas será necessário, ainda, saber analisar o sintoma, formação do inconsciente que implica um recalcamento. Então, tendo Freud decifrado o sintoma, a tosse, o que é que ele diz? Atrás da tosse, Freud decifrou os pensamentos sexuais quanto a seu pai, a ideia de sua impotência e a fantasia de felação (ou, acrescenta

Lacan, de cunilíngua), dito de outra maneira, práticas orais especialmente úteis para o homem suposto impotente. Relido com Lacan, compreende-se que, sob a identificação, pelo traço unário da sintonia, com o objeto de amor, o pai, o que é carregado pelos significantes do sexo oral, como se diz hoje em dia, é a identificação do desejo ao desejo, do desejo de Dora ao desejo do pai impotente, como se tinha a identificação da bela açougueira com o suposto desejo de seu açougueiro marido.

A terceira identificação é outro caso de identificação pelo sintoma, que, como a primeira, não passa pela relação de objeto. Essa "identificação desconsidera totalmente a relação objetal à pessoa copiada"[12]. Traço comum, portanto, com o primeiro tipo de identificação. As pensionistas que viram a crise de uma delas depois da carta de amor podem pegar esta crise (mesma palavra para pegar uma gripe). O mecanismo é o seguinte: uma percebeu uma analogia significativa, no nível da relação, ela se identifica neste ponto, e a identificação se desloca sobre o sintoma, a crise. Eu cito: "A identificação através do sintoma vem a ser, desse modo, o indício de um local de coincidência dos dois Eus, que deve permanecer recalcado [...] e ela pode nascer cada vez que algo em comum é percebido com uma pessoa que não é objeto das pulsões sexuais"[13]. Lacan a nomeou, lindamente, de "identificação participativa" própria da histeria. Freud não a qualifica

---

[12]FREUD, S. (1921) Psicologia das massas e análise do eu. In: *Obras completas, volume 16: Psicologia das massas e análise do eu e outros textos (1920-1923)*. Tradução de Paulo César de Souza. São Paulo: Companhia das Letras, 2011, p. 64.
[13]*Ibid.*, p. 65.

especialmente de histérica, ver-se-á o que nos autoriza a dizê-lo. O importante aqui é que esta identificação é a que parece, a Freud, funcionar na massa, "uma identificação através de algo afetivo importante em comum"[14].

Uma vez cumprido esse passo, Freud pôde avançar nas características da libido da massa. Ele volta, de início, ao amor para enfatizar, de novo, a superestimação sexual do objeto, sua idealização, e o autossacrifício do eu que acompanha essa idealização. Daí, uma definição precisa do amor: é um abandono do eu ao objeto, colocado no lugar do ideal do eu. A diferença com a hipnose é que o hipnotizador está, certamente, da mesma forma no lugar do ideal do eu, mas não é o objeto da libido, não há tendências sensuais na hipnose. Eis aí o ponto comum com a massa: é uma "massa a dois"; o traço comum não é apenas que um indivíduo está no lugar do ideal do eu, é que as tendências sexuais diretas não estão aí, e Freud coloca os pontos nos is, a consideração para a mulher está aí excluída, a diferença dos sexos não intervém aí também, mesmo quando há mulheres em uma massa. Traduzimos: na massa, o laço com o chefe e os laços recíprocos entre os membros são, aí, laços de amor, e não desejo de gozo; Freud precisa: "o amor pela mulher", o que quer dizer para ele o amor na visada sensual, rompe "o laço com a massa", que é próprio à raça, à nação, às classes. Lacan não diz outra coisa quando fala que as questões de amor [*les affaires d'amour*] são clivadas dos laços sociais estabelecidos. No entanto, ele diz mais que Freud quando reconhece, no terceiro tipo de identificação, uma

---

[14]*Ibid.*

identificação histérica. Por que histérica? Em razão da exclusão do amor carnal, porque, por estrutura, segundo Lacan, o amoroso ou os amorosos, como ele nomeia os histéricos, o amoroso ou os amorosos são como peixes na água com as tendências inibidas quanto ao alvo, dito de outra maneira, estão naturalmente na ética "fora sexo" do desejo de desejo que transporta o amor. Vê-se que Lacan tem uma concepção da histeria mais elaborada que a de Freud.

6 de maio de 2015

Eu me voltei para o texto de Freud a fim de abordar as identificações grupais. Eu havia chegado ao terceiro tipo que ele distingue e no qual há uma identificação nascida de uma comunidade afetiva importante[1]. É aquela que, segundo Freud, funciona entre os membros da massa.

O princípio de coesão

Não insisto sobre a definição da estrutura da massa. Ela é por demais conhecida. "É uma soma de indivíduos que puseram um único objeto no lugar de seu ideal do Eu e, em consequência, identificaram-se uns com os outros em seu Eu"[2]. Sua comunidade afetiva é, portanto, nos termos de Freud, um mesmo amor por um mesmo objeto idealizado. Este amor colocado em posição de fator comum é, portanto, o Um que os homogeneíza, pelo qual cada um se reconhece nos outros, fraternidade, mas na qual cada um se reduz, já que as diferenças individuais nela são eclipsadas;

---
[1] *Ibid.*, p. 60-69.
[2] *Ibid.*, p. 76.

homogeneização, eu poderia dizer, des-individualização. Se escrevo um grupo de $(a+b+c)$, no qual as três letras designam as diferenças individuais, uma vez entradas na massa, pode-se escrever a transformação produzida pelo mesmo "amor do chefe", situado como fator comum: amor $(1+1+1)$. Com o equívoco do "de": cada um ama o chefe que é suposto amar cada um e, por este chefe, cada um está pronto a todas as renúncias narcísicas e a todas as submissões. O amor é sacrificial, Freud insistiu nisto. É a estrutura da massa freudiana, vê-se que não é um conjunto, mas uma classe, voltarei a falar disso.

O texto de Freud prossegue, vai mais além, não entro em todos os detalhes.

Passo sobre os divertidos desenvolvimentos de Freud concernentes à psicologia diferencial do chefe, atrás do qual há a figura imaginada por ele do herói que toma o lugar do Pai primitivo e que Freud descreve como seres que se bastam a si mesmos, que não amam ninguém, que são de um narcisismo inatacável pelo fato do gozo, que é seu lote. Percebe-se aí algum fascínio em Freud, lembro que ele disse a mesma coisa da mulher narcísica que se basta a si mesma. Não se há jamais encontrado uma sobre um divã? A existência das massas nas quais todos os indivíduos estão no mesmo plano, consentindo na igualdade que abate as pretensões de cada um pelo amor de um só e mesmo objeto, o chefe, que é para todos o ideal do eu, esta massa mostra, em todo caso, é Freud quem fala, que o homem não é um animal de rebanho, e ele trabalha sobre esse ponto com a tese de Trotter: o homem é um animal de horda, ele quer um chefe, é claro. Se se pensa em "Totem e tabu", quando se matou um e quer um outro.

Daí, no contexto do século XX, reteve-se desse texto a crítica da massa. Ela está aí, mas não é, a meu ver, o que há de maior no texto.

Observo o quanto Freud insiste em dizer que as duas identificações, a horizontal entre os membros da massa e a vertical do chefe, destacam tendências inibidas quanto ao alvo, dito de outra maneira, o objeto é objeto de amor, mas não é objeto sexual. Coisa importante porque, na sequência do texto, notadamente nos anexos, Freud enfatiza o que ele chama de "vantagem funcional" das pulsões inibidas quanto ao alvo, logo, do amor enquanto tal; elas só podem criar laços duráveis, ao contrário do "amor sensual destinado a se estender na satisfação". E Freud insiste, eu cito: "as pulsões sexuais diretas perdem cada vez a sua energia com a satisfação e são forçadas a esperar que sejam renovadas pela recarga da libido sexual, ocasião na qual o objeto pode, neste meio tempo, ser trocado". Ele acrescenta que essas tendências "são desfavoráveis à formação na massa"[3], que funciona sobre a libido inibida quanto ao alvo. Dir-se-á, depois disso, que Freud não percebeu, pelo menos no nível da relação sexual, o que nós atribuímos, com Lacan, ao gozo, a saber, um alcance antissocial, antilaço, autístico, que vai em direção ao Há Um. E não mais se dirá tampouco que ele não se preocupou com o que permite aos laços sociais subsistirem.

Sua trajetória de conjunto é clara. Ele só se inclina sobre a questão do laço em 1921. No começo, muito do que formulou sobre o princípio do prazer e as pulsões

---
[3] *Ibid.*, p. 106.

sexuais tinha implicações quanto ao laço social, mas não sistematicamente explicitado. No que diz respeito ao essencial, a libido é pensada como ligante. 1914 é uma primeira data importante na colocação em evidência de forças que vão contra o laço, as do narcisismo. Depois, em 1920, é o auge de seu conceito da repetição, com a descoberta deste diabólico apego dos sujeitos às mais dolorosas experiências do encontro faltoso, dito de outro modo, ao gozo. Sua tese sobre o princípio do prazer é refutada, e ele deve concluir com uma outra força, que nomeia, impropriamente, segundo Lacan, pulsão de morte, e que este rebatia com o termo gozo, que vai contra as coesões, que ataca o cimento social. É nesse contexto analítico que Freud se interessa pela massa, justamente porque na massa o alicerce social é assegurado. Apreende-se daí — é minha hipótese — que seu objetivo não é tanto criticar a massa, isto já tinha sido feito antes. Sobre esse ponto, Freud toma novo fôlego, ele o diz, e apesar do perigo dos coletivismos crescentes que o preocupam, sua questão se coloca sobre o que pode consolidar o coletivo a despeito de sua pulsão de morte, dito de outra maneira, sobre o que permanece de Eros na massa e que consegue fazer coesão graças à renúncia narcísica. Sua resposta é sem ambiguidade: só o amor dessexualizado pode ligar, enquanto o gozo, o que ele chama de pulsão sexual direta, separa.

Talvez haja aí um efeito pêndulo da história que marca a leitura que se tem feito desse texto de Freud. Quando, no século XX, se levantaram as grandes tiranias dos coletivismos totalitários e quando se as denuncia, a justo título, em nome dos direitos do indivíduo autônomo e singular, dos direitos do homem, da democracia e dos grandes ideais do laço social igualitário, reconhece-se de bom grado, em Freud, o precursor que antecipou os desastres das massas. Mas, quando se chega a este começo do século XXI, no qual o indivíduo se reduz a um instrumento do mercado, com todas as consequências que se experimentam hoje em dia de corrosão e de precariedade das coesões e dos laços, quando há a preocupação com o que condiciona o que se chama agora o "viver juntos", então, percebe-se, como eu o fiz, que Freud já tinha este cuidado concernente ao que pode fazer laço entre os indivíduos.

A massa freudiana não é um discurso

Porém, situo uma questão: até onde se foi no estudo do que é um laço social? Lacan dá um passo a mais, parece-me, sem dúvida, em razão de sua hipótese sobre a linguagem como operador. Ele a situou, de início, como operante sobre o organismo individual, com efeito sujeito e ação sobre o corpo. Escrevendo seus discursos, os quatro, que são quatro em razão dos quatro termos programados pela linguagem, S_1, S_2, S, a, ele vai mais longe que Freud com sua massa.

A diferença é que, por mais numerosos que sejam os indivíduos, que se ordene um discurso-laço social, ele não os constitui em classe na qual cada um vale como idêntico a cada um, mais precisamente, em conjunto. Porque, em um conjunto, há certamente um Um de exceção que ex-siste ao conjunto, como na massa freudiana, mas o conjunto, sua especificidade, é que ele reagrupa tanto o joio como o trigo [*les torchons que les serviettes*[4], como se diz em francês], isto é, ele pode reagrupar singularidades, e é o que o distingue de uma classe. Lembremos os desenhos de Lacan, figurando o conjunto retomado de Peirce com os traços diversos, verticais, oblíquos, e mesmo absolutamente nenhum traço no conjunto vazio.

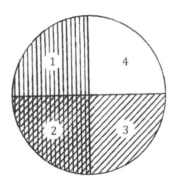

Pode-se dizer jogando-se com as palavras. Na classe que é uma massa, todos os traços estão deitados, equivoca com o que quer dizer "se deitar" ["*se coucher*"], eles estão deitados mesmo quando se creem em pé. Vocês conhecem a expressão "vale mais morrer de pé que viver deitado", expressão que, quando se aplica ao Exército, se torna muito divertida, uma vez esclarecida por sua estrutura: acredita-se morrer aí bravamente de pé, mas já se estava deitado como sujeito singular diante do mestre idealizado.

---

[4]*Le Petit Robert*: Loc. Fam. — Il ne faut pas mélanger les torchons et les serviettes. (É preciso separar, tratar diferentemente as coisas segundo seu valor). Nota da tradutora: Em português, seria "separar o joio do trigo".

Digo que o discurso, segundo Lacan, mesmo quando ele ordena um grande número, não os constitui em classe, porque cada discurso maneja diversos lugares; no estágio inferior, o lugar da produção (Pro°) e o da verdade (V), entre os quais há o que Lacan nomeia uma barreira do gozo.

$$\overline{V} \;\|\; \overline{Pro°}$$

Esta separa as formas coletivizadas do gozo, em que todos os "apalavrados" a este discurso poderão se reconhecer e se aglomerar e, por outra via, alcançar o lugar da verdade do gozo que os faz cada um singular, não todo "apalavrado" ao discurso. Um discurso, pois, no além do efeito homogeneizante, maneja a copresença das singularidades, aquelas que provêm, em último termo, para cada um de seu inconsciente e das contingências históricas nas quais ele se constituiu. Há mais. Não apenas a parte inferior escreve a barreira entre produção e verdade, mas a linha superior distingue o semblante que ordena o seu outro, sem maiúscula, separados por um impossível.

Semblante —> *impossível* —> outro

Este outro está no lugar do que trabalha, respectivamente, o escravo, o estudante, o significante mestre, o analisando, mas uma mesma tarefa para os indivíduos que aí chegam não exclui suas diferenças individuais.

Esta primeira linha escreve, portanto, um par marcado por uma disparidade irredutível: mestre/escravo/

professor/estudante/histérica/mestre/psicanalista/psicanalisando. Disparidade é, aliás, o termo que Lacan emprega para a relação de transferência. Insiste-se no fato de que a psicanálise é o avesso do discurso do mestre, sim, pois este busca que todos marchem no mesmo passo, enquanto o discurso do analista visa o inverso, a singularidade não homogeneizável de cada um. Mas observem que o discurso do mestre só alcança parcialmente seus fins porque a objeção das verdades singulares aí está em toda parte. É, mesmo, segundo Freud, o que apareceu claramente com os traumatizados da Guerra de 1914, já que Freud interpreta esses traumatizados, porém, como contraditores, isto é, sujeitos que, sem o saber, no inconsciente, dizem a verdade, estão em dissidência com os imperativos do discurso do mestre, enquanto, para o exército, eles simulavam. Freud diz: "eles objetavam sem o saber".

Vê-se como um discurso reparte diversos fenômenos bem observáveis: do lado do gozo produzido, pode-se dizer, como Lacan o fez, nosso gozo, nosso modo, é o lado da adaptação, da socialização, da colaboração também, já que, sem os sujeitos "apalavrados", o discurso não existiria, e posso dizer o mesmo do "saber fazer aí" ["*savoir y faire*"] com sua época. Do lado da verdade, é a diferença individualizante, o Eu sozinho, inclusive a anarquia, os caminhos que não levam a Roma, como na canção de Georges Brassens, a dissidência eventual, pois, inclusive a insurreição de "a verdade pela qual se combate". Ela está em jogo em toda revolução, diz Lacan, mas, evidentemente, sem que o real aí seja modificado, entendam o real da impossível relação, a qual os discursos tentam suprir por seu real próprio. Cito: "É ele este real, a hora da verdade que vai se resfolegar até a próxima crise", não sem que a "perturbação da verdade seja rechaçada para as trevas"[5].

Tudo isso para dizer que, para Lacan, um discurso é um laço entre dessemelhantes, diferenças, isto não consiste simplesmente em estar em comunicação, conectados, em uma rede, nem mesmo em se avizinhar em um mesmo espaço, como se parece crer hoje em dia. Isso não se define pelo reagrupamento, mas pela organização, a articulação de suas diferenças, o que deixa, portanto, lugar para uma margem de liberdade, digamos, opções variadas, mais ou menos subversivas, e que manejam as evoluções possíveis. Notem que a página de "Televisão" que Lacan consagra à família e à repressão, e que se lhe imputava no movimento antimestre de 1968, desemboca em observações concernentes à liberdade, da qual não se encontra nem a sombra nos coletivismos dos países do Leste, eu já disse, sendo o implícito de seu desenvolvimento que a dita repressão familiar não vá tão longe sem que deixe lugar, justamente, à possibilidade da revolta, que não é somente em ato, mas que começa com o pensamento.

Daí aparece, claramente, que a massa descrita por Freud, da qual se poderia pensar que corresponderia ao discurso do mestre com seu objeto idealizado em posição de S_1, dele difere em realidade, logo que ela elimina o que faz, no fundo, o mérito dos discursos, a saber, a coordenação das diferenças. A massa é, digamos, uma espécie de

---

[5]LACAN, J. (1970) Radiofonia. In: *Outros escritos*. Tradução de Vera Ribeiro. Rio de Janeiro: Zahar, 2003, p. 443.

degradação. Poder-se-ia, aliás, pensar que são as diferenças excluídas pela estrutura fraterna da massa que retornam no real, nas intolerâncias segregativas que Freud notou muito bem, de todos aqueles que não se ajustam, a fraternidade sendo, desde então, matéria-prima de todas as guerras contra todos os "infiéis" de todas as espécies. Tomo aqui o termo infiel como metáfora, evidentemente.

Laços entre pares?

A outra questão é saber como as formas atuais de universalismo promovidas pela ciência permanecem compatíveis com o laço social tal como definido por Lacan. No capitalismo de hoje, este universalismo toma a forma degradada de universalismo *narcínico*, como me expressei há pouco tempo para designar sujeitos que, sobre o fundo de fracassos das grandes causas coletivas do século XX, só têm como causa seu próprio gozo. Esse individualismo aí, sob a cobertura de direitos humanos, faz inflamar a exigência de paridade a qualquer preço. A paridade dos direitos é algo em relação à qual, certamente, é preciso se ter cuidado; a exigência de paridade real é toda uma outra coisa; ela é negação das diferenças em nome da igualdade formal. Hoje em dia, ela chega a ponto de recusar qualquer repartição de papéis nas famílias, na escola, na sociedade; é a famosa crise de autoridade e pretende mesmo se impor à diferença dos sexos e até à gramática, quando se estende aos gêneros dos pronomes pessoais. Sobre essas evoluções, Lacan dizia que o analista só pode ["*dresser constat*"] constatar uma clínica cotidiana das manifestações dessa exigência, que poderia ser até muito divertida, mas ele não pode "tomar partido".

A posição de Lacan em relação à paridade é clara, e pode-se ler a que ponto ele não bajula o espírito do tempo, se esta expressão tem um sentido. Tento precisá-la. De início, ela diz que toda ordem é regulada por semblantes, a ordem sexual aí incluída; não há discurso que não seja do semblante; dito de outra maneira, a ordem social molda os indivíduos e, com isso, todas as teorias de *gênero* poderiam aí se encontrar, assim como uma parte das feministas. Tudo é ordenado pelos semblantes salvo... o gozo outro, que faz com que o Sexo, a mulher, permaneça o Outro — ou seja, os que não se inscrevem pelos Uns da linguagem; ela é, portanto, sempre menos-uma na ordem linguageira, como o próprio Deus, o parceiro absoluto. O "Há Um", formulado em *...ou pior*, justamente antes de Lacan ter fixado definitivamente suas fórmulas da sexuação em "O aturdito", objeta ao que essas fórmulas promovem de um implícito "Há Outro"? Outra parte das feministas poderia aí se encontrar. E Lacan insiste sobre o interesse que "devemos" colocar neste Outro. Deixo esta questão em suspenso para retomá-la em outra ocasião.

Volto à paridade, ou melhor, à exigência de paridade. Que pode ser um laço social entre pares? Não será, certamente, um laço social tal como Lacan o construiu. Será ele fora discurso, já que vai suprimir o impossível estrutural que separa, no discurso, o semblante em posição de agente e seu outro? Será preciso rebaixar de grau a definição de laço social e dizer que há laço social desde que a libido saia dos limites do corpo próprio para dar preço a tudo que se distingue do sujeito a título de objeto? Lembremo-nos de Freud dizendo, eu acabo de evocar, que o amor entre os sexos, o amor de si, o amor filial, parental, a amizade, o amor dos homens, dos objetos, das ideias, todas essas formas derivam de sua origem, que impulsiona à união dos sexos. Uma união que ele acredita... natural. Lacan replica: todos os laços estabelecidos suprem a desunião dos sexos, desunião que existe e que nada tem de natural.

Coloquei em tensão a massa freudiana e os discursos de Lacan, mas há outros laços que estariam fora discurso? A questão me veio há muito tempo, a partir da observação de Lacan dizendo: *"les affaires d'amour"*, as questões de amor são clivadas dos laços sociais estabelecidos, dito de outro modo, clivadas do que ele nomeia discurso. Ora, o que é que, aparentemente, faz mais laço de sujeito e laço de corpo que o amor sexuado a ponto de que isso possa fazer acreditar, por um instante, que há relação sexual, porém por contingência. Essa própria contingência prova ou, pelo menos, contribui para demonstrar o impossível da relação, isto é, que a linguagem não o inscreve nem o programa. É a tese enunciada em "Televisão". Isso não permitiria dizer que as questões de amor estão fora discurso, o que eu havia avançado, a noção de discurso epifânico para situá-los, retomando o famoso termo de Joyce.

Certos ajuntamentos de nossa época necessitam, em todo caso, ser situados em suas estruturas. Quanto às associações militantes, que se constituem em torno de uma causa, quer seja ela humanitária, política, ecológica, de salvamento do planeta ou de defesa de diversas vítimas — efêmeras ou organizadas —, sua estrutura não importa. É uma causa comum, que está em lugar de significante unificador, que é fator comum para todos aqueles que aí se prendem. Freud diria que são massas nas quais o Um não está encarnado, mas pode ser uma ideia abstrata. No entanto, eu creio que está aí acentuada, suficientemente, a diferença das massas com o chefe, porque este tipo de causa em posição de S_1, federativo, justamente porque o amor do chefe não é requisitado, não produz a submissão desindividualizante denunciada no Exército, por exemplo, e é, mesmo, às vezes, seu drama; elas esbarram no acordo difícil entre as individualidades. Na maioria das vezes, todos os casos de solidariedade em uma tarefa fazem laço por identificação entre os parceiros da tarefa, aliás, não libidinalmente ligados. Estes dois tipos de agrupamentos correspondem muito bem ao que Serge Paugam[6] descreve como dois tipos de laços por participação, quer eletiva, quer orgânica; eletiva no caso da escolha de uma causa e de seus servos, e orgânica no caso de uma solidariedade de trabalho. Nos dois casos, os dois pilares do sentimento social, segundo Durkheim, a saber, a necessidade de proteção e a necessidade de reconhecimento, estão aí possivelmente satisfeitas.

Todas as massas militantes provam, em todo caso, que o capitalismo, se não faz laço social, não impede todo laço social, e que os sujeitos, como já mostrei, não são todos "apalavrados" aos valores do capitalismo. Essas massas militantes são, todas elas, justamente, reações compensatórias dos malefícios do capitalismo, como as associações de caridade do passado o foram para os malefícios do discurso do mestre clássico, e elas vão se multiplicar para

---

[6] PAUGAM, S. *Le lien social*. Paris: Puf, 2008, e *Vivre ensemble dans un monde incertain*. Paris: Éditions de l'Aube, 2015.

cuidar das novas vítimas da época, vítimas da fome, dos fenômenos naturais, das guerras, todos estes exilados, demandantes de asilos, vítimas da tortura, de estupros, os sem-documentos etc.

Vê-se por aí que o que se nomeia de humanitário mudou de sentido. Houve a grande época das colonizações, "humanitarices de encomenda", ou seja, o álibi pseudo--humanitário "de nossas exações"[7], como diz Lacan. Hoje isso acabou, permanece o esforço para reparar, que repousa sobre a empatia pelas provações do outro, e o desejo, como se ouve dizer, de fazer alguma coisa de útil. É impressionante que os políticos de hoje lastimem o declínio das paixões políticas de seus concidadãos, que cada vez mais acreditam menos nas causas dos partidos. Mas é notável que novas causas se inventem todos os dias, mesmo os animais se juntaram às mulheres e às crianças. Não há dúvida de que, nestes grupos militantes, as causas criam laços de solidariedade entre os participantes, sem passar pelo sacrifício da individualidade, próprio à massa com chefe. Daí a questão de saber a que estrutura de discurso esses grupos correspondem.

Antes de chegar aí, eu me detenho de início num outro tipo de grupos, abundantes hoje em dia: os agrupamentos sintomas. São grupos que se reúnem de forma efêmera ou durável em razão de um gosto compartilhado ou de um mesmo traço de gozo, um mesmo traço de perversão. Um mesmo gosto faz com que se reúnam grandes agrupamentos de música, por exemplo, ou de

---

[7]LACAN, J. (1973) Televisão. In: *Outros escritos*. Tradução de Vera Ribeiro. Rio de Janeiro: Zahar, 2003, p. 533.

alcoólicos anônimos, agora grupos de anoréxicos, bulímicos e, mesmo, paradoxo, de autistas, nos quais o traço que reúne é o de fora laço. Aí, no nível sexual, as diferenciações vão num crescendo e está-se longe do velho binário homo/hétero, sado-maso, *queer*, *trans* e outras ainda. Todos "adictos" de um mesmo modo de satisfação. Não se diz que os "semelhantes se juntam"? É a fórmula da *soft* segregação voluntária: separa-se do que é dessemelhante. A isso se pode acrescentar que, a partir daí, é possível nomear-se por uma característica de gozo. Aí, desta vez, os indivíduos são iguais, identificados por uma mesma identidade de gozo que cria aproximações, simpatias e, sem dúvida, reconhecimento recíproco, por mais instável que seja. Trata-se do laço, no fundo, segregativo por essência: quanto mais se está segregado, mais se segrega, como para se manter o calor. Em todos esses casos, não é uma comunidade afetiva escondida, portanto recalcada, como dizia Freud, que faz laço, mas uma comunidade de gozo sintoma bem patente. Então, qual é a diferença estrutural com o terceiro tipo de identificação distinguida por Freud?

Freud caracteriza este terceiro tipo de modo preciso, como próprio à neurose, implicando, pois, o recalcamento e o traço de identificação, aí está o sintoma, a crise para as colegiais das quais ele fala. Em *L'insu que sait*, Lacan a qualifica bem de "identificação participativa" e a nomeia histérica. O que justifica dizer isso? Já toquei nesta questão, eu complemento.

Ao se retomar o exemplo do pensionato, a coisa aparece claramente. Uma pensionista tem uma crise depois de ter recebido uma carta de um homem. As outras se contagiam com a crise. Por quê? Freud diz ser algo afetivo em comum, recalcado. Dizemos que elas perceberam o desejo, aqui infeliz, em relação ao desejo de um homem. A identificação participativa passa pela mediação do desejo do homem no duplo sentido do "de" e sem que se saiba mais sobre as peripécias concretas. Sob a identificação pela crise de lágrimas, a identificação com o desejo. Ao mesmo tempo, aquela do outro, a pensionista, e do Outro com maiúscula, o homem da carta. Classicamente, se vocês pensarem na bela açougueira, identificação pela falta de caviar com a falta de salmão de sua amiga, mas vocês sabem "o que quer dizer" essa identificação no inconsciente, ela diz: identificação com a falta, desejo do Outro, o homem, o marido em cuja casa tudo é satisfeito. É o que Freud chamaria de escolha da pulsão inibida quanto ao alvo. Lacan diz: "ética fora sexo".

Podemos ler aí as associações reparadoras de nosso tempo? Eu evoquei a empatia, ela pode ir até a identificação participativa da histeria se ela passar pela mediação de uma relação implícita ao Outro. Na massa clássica, Freud postula que essa mediação é a necessidade; ele diz mesmo a ilusão de um Pai maiúsculo. Qual seria o termo mediador nas associações humanitárias, reparadoras dos efeitos do capitalismo? A empatia pelas vítimas aí é patente, mas não vai sem referência implícita à impotência do biopoder do Estado, doravante incapaz de compensar os malefícios do capitalista.

Três estruturas, portanto. A dos grupos sintoma aproxima semelhantes em gozo (a, a, a...); a da massa freudiana aproxima semelhantes na relação com um Outro maiúsculo e todo poderoso A(a, a, a...); o grupo histérico convoca um Outro barrado e não desindividualiza: $\cancel{A}$ (a, a', a"). Concluo que ele faz laço de discurso. Reconhecendo, na terceira identificação descrita por Freud, a identificação participativa da libido histérica, Lacan permite enfatizar essa perspectiva. Ele produz esta fórmula da "identificação participativa" em *L'insu que sait* e vai dizer, logo depois, que o que ele busca é a "identificação com o grupo". A proposta buscou uma interlocução com seus alunos daquele momento e havia uma razão, já que Lacan também promoveu uma psicanálise que, como ele disse, visa à "saída do rebanho" e produziu muitos desenvolvimentos críticos sobre o grupo. Mas a proposta indicava que também ele, como Freud, veio a se inquietar com a desagregação dos laços sociais.

ONZE

20 de maio de 2015

Para o penúltimo encontro deste ano, penso em me deter um pouco sobre as identificações nas "questões de amor", antes de retomar, na próxima vez, a famosa identificação com o sintoma.

O que Lacan designa com a expressão "les affaires de amour" — as questões de amor —, não importa qual é este amor, possivelmente não é aquele que une as gerações, os membros da família, os grupos de amigos e todos os laços eletivos que, no fundo, têm algo em comum — eles excluem o sexo, separam os sentimentos de apego da prática sexual. O que é notável é que, entre esses, Lacan coloca também o conjugo. O termo é interessante no que ele substitui a forma instituída, quer seja o casamento, o PACS[1] ou outra, para só resguardar aí a ideia de constância do casal. Assim também, segundo ele, para a *philia* grega, que lhe parece eliminar a dimensão sexuada, no fundo, em proveito do companheirismo. São formas nas quais se trata, de

---

[1] Nota da tradutora: PACS, em francês, é a abreviação de Pacto Civil de Solidariedade e Concubinato.

preferência, da "lei da casa"[2], portanto da economia doméstica, diz Lacan em "Televisão". Evidentemente, as formas atuais do casamento que sobrepõem os negócios de amor, sexuados, e os negócios da casa entram mal nessa repartição lacaniana.

Dialética das identificações fálicas

De qualquer modo, desde o começo e na sequência de Freud, Lacan colocou a questão da função das identificações na identidade sexuada, no ser homem ou mulher. A historieta edipiana de Freud — eu a nomeio assim para distingui-la de seu mito de "Totem e tabu" —, *historieta* que se passa entre quatro paredes, lhe serve para que se dê conta do fato de que um sujeito se identifica a seu sexo anatômico, real, a menina à mulher, o menino ao homem, pelo menos quando se identifica com isso, e situa como sintomático tudo o que faz obstáculo a essa identificação como tal. Nesse sentido, para Freud, o real da anatomia faz destino, comanda, mas, ao mesmo tempo, a necessidade dessas identificações com os símbolos e imagens do homem e da mulher edipiana mostra muito bem que Freud sabia que não basta a anatomia para orientar os gostos eróticos, digamos, a libido. Sua noção de bissexualidade atesta isso, e não se pode dizer que os costumes de hoje em dia não tragam uma clara confirmação.

Lacan seguiu com Freud, ficou no eixo freudiano, mas, nos anos de seu retorno a Freud, ele não só desdobrou

---

[2]LACAN, J. (1973) Televisão. In: *Outros escritos*. Tradução de Vera Ribeiro. Rio de Janeiro: Zahar, 2003, p. 536.

como deslocou a conceitualização em relação a toda essa problemática da identidade sexuada, com o que ela inclui de pulsional, ao significante fálico, e reformulando a diferença dos sexos e suas relações a partir da única dialética fálica. Com a diferença de que o falo não é simplesmente significante da falta do desejo, eu insisti nisso, mas o significante do gozo. Há, mesmo, uma reserva desde essa época. Ele diz, eu cito: "Convém indagar se a mediação fálica drena tudo o que pode se manifestar de pulsional na mulher e, notadamente, toda a corrente do instinto materno. Por que não dizer aqui que o fato de que tudo o que é analisável é sexual não implica que tudo o que é sexual seja acessível à análise?"[3]. Pode-se dizer que existe aí uma lacuna no que diz respeito aos futuros desenvolvimentos sobre a mulher, mais amplamente, talvez, sobre a sexualidade.

Entretanto, é bem conhecido, ele reparte os sexos em um ter ou ser o falo que regula o que une o casal, tanto no nível do amor quanto do desejo. Todos os desenvolvimentos de "A direção do tratamento e os princípios de seu poder", de "A significação do falo" e de "Diretrizes para um Congresso sobre a sexualidade feminina" desdobram essa construção, mostrando como este significante "sem par" sustenta o casal do amor e do desejo, e isso diferentemente do lado homem e mulher.

Resumo a tese concernente a essa mediação fálica que Lacan reevoca ainda em "O aturdito". Na relação com

---

[3]LACAN, J. (1960) Diretrizes para um Congresso sobre a sexualidade feminina. In: *Escritos*. Tradução de Vera Ribeiro. Rio de Janeiro: Zahar, 1998, p. 739.

a mulher, o homem satisfaz sua demanda de amor, cujo grito é "ser o falo"; ele a satisfaz na medida em que a falta fálica da mulher a constitui como dando no amor o que ela não tem, mas seu próprio desejo do falo não se esgota nessa relação e diverge em direção a uma "outra mulher", "que significa esse falo de diversas maneiras, quer como virgem, quer como prostituta"[4], e ele acrescentará ainda a filha-falo. Na relação com o homem, o lado mulher converge para um mesmo objeto uma experiência de amor, que, como tal, a priva do que ela dá, mas seu desejo "ela o encontra significando-o no corpo daquele a quem endereça o seu amor"[5]. No entanto, isso não a destina a um apego "sem duplicidade", ele o observa, com ênfase, em "Diretrizes para um Congresso". Quanto ao homem, no mais além do amor ao órgão, "é um amante castrado ou um homem morto (ou os dois em um)"[6] que invoca sua adoração.

É preciso acrescentar que, segundo o Lacan dessa época, o desejo de ser o falo caracteriza o neurótico em geral. A fórmula acentua a dimensão da demanda de amor em detrimento do amor carnal. É um voto, não uma identificação, e, macho ou fêmea, ele deve descobrir que não o é. Evoco, aí, o penúltimo parágrafo de "A direção do tratamento"[7]. Impossível ser realmente a falta do Outro,

---

[4] LACAN, J. (1958) A significação do falo. In: *Escritos*. Tradução de Vera Ribeiro. Rio de Janeiro: Zahar, 1998, p. 702.
[5] *Ibid.*, p. 701.
[6] LACAN, J. (1960) Diretrizes para um Congresso sobre a sexualidade feminina. In: *Escritos*. Tradução de Vera Ribeiro. Rio de Janeiro: Zahar, 1998, p. 742.
[7] LACAN, J. (1958) A direção do tratamento e os princípios de seu poder. In: *Escritos*. Tradução de Vera Ribeiro. Rio de Janeiro: Zahar, 1998, p. 649.

e isso para todo falante, independentemente de seu sexo, mas, no jogo sexual, sendo o parceiro feminino constituído pelo desejo do homem, que é desejo do falo (subentendido, que faltava à mãe), disto é falicizado de fato. É para ele que ela é o falo. Ser desejada faliciza uma mulher pela mediação do Outro, o homem. É "pelo que ela não é" (a saber, o falo) que uma mulher "pretende ser desejada, ao mesmo tempo que amada"[8]. Desde então, compreende-se que o voto neurótico de "ser o falo" vem redobrar mais facilmente em uma mulher o lugar que lhe resulta no casal.

Vê-se que essa repartição não é essencialista, é pela mediação do Outro que eles se distinguem cada um de um ter ou de um ser, daí o termo de dialética. Que quereria dizer, por exemplo, no lado mulheres, "ser o falo" no casal sem o Outro masculino? Como eu havia enfatizado, é-se o falo para o outro, não em si. No entanto, não se diria o mesmo do ter fálico do homem, já que ele só o tem a título de efeito da castração, que, eu cito, "supõe a subjetividade do Outro como lugar de sua lei"[9]. É nesse sentido que ele é efeito de discurso.

Desejo inconsciente e genitalidade

De qualquer modo, toda essa dialética diz respeito ao amor e ao desejo. Nestes parágrafos, falta o que chamei

---

[8]LACAN, J. (1958) A significação do falo. In: *Escritos*. Tradução de Vera Ribeiro. Rio de Janeiro: Zahar, 1998, p. 701.
[9]LACAN, J. (1960) Diretrizes para um Congresso sobre a sexualidade feminina. In: *Escritos*. Tradução de Vera Ribeiro. Rio de Janeiro: Zahar, 1998, p. 741.

de registro do gozo corporal, do orgasmo sexual. Como, nessa época, ele foi abordado? A resposta, muito precisa, é dada: "Que o ato genital venha encontrar seu lugar na articulação inconsciente do desejo, é a descoberta da psicanálise"[10]. Portanto, o ato genital é suposto ser subordinado à dialética do sujeito e do Outro, e dois exemplos muito precisos são construídos a partir dessa ideia. O primeiro diz respeito à sua teoria da frigidez feminina em 1958.

Em "A significação do falo" e em "Diretrizes para um Congresso sobre a sexualidade feminina", Lacan ressalta que a frigidez supõe toda a estrutura da neurose, mesmo se ela aparece fora da trama dos sintomas; e que ela é inacessível ao tratamento somático como também aos "bons ofícios do parceiro, o mais desejado, e que somente a análise a mobiliza"[11]. Grande promessa, não é? Como a análise a mobiliza? Em razão do "desvelamento do Outro interessado na transferência, a análise pode modificar uma defesa comandada simbolicamente"[12]. Ideia, portanto, de que a frigidez se situa na dimensão da defesa e, mesmo, da "mascarada", que opera na relação com o Outro, a mascarada nada mais sendo que o ajustamento aos requisitos do Outro.

"Diretrizes" precisa, ainda, o desejo é desejo do Outro; logo, no inconsciente do sujeito, é o desejo do Outro que

---

[10]LACAN, J. (1958) A significação do falo. In: *Escritos*. Tradução de Vera Ribeiro. Rio de Janeiro: Zahar, 1998, p. 700.
[11]LACAN, J. (1960) Diretrizes para um Congresso sobre a sexualidade feminina. In: *Escritos*. Tradução de Vera Ribeiro. Rio de Janeiro: Zahar, 1998, p. 740-741.
[12]*Ibid.*, p. 741.

está presente, isto é, o falo desejado pela mãe. Eu o disse, para o homem, no além do "Tu és minha mulher", que a elege como a sua, seu desejo do falo se manifesta pela filha falo ou "a outra mulher". E eis aí, aliás, o segredo da função da outra mulher para a mulher histérica, como se vê no caso da bela açougueira! Para uma mulher, no além do homem, "do qual ela ama os atributos"[13], isto é, o homem ao pênis, detrás do véu, portanto, seu desejo do falo erige "o íncubo ideal", diz Lacan, ou seja, o amante castrado ou o homem morto. E acrescenta: "É a esse íncubo ideal que uma receptividade de abraço tem de se reportar, como uma sensibilidade de cinta em torno do pênis"[14]. "Sensibilidade de cinta": eis aí uma hipótese implícita ao orgasmo feminino! Com essa cinta, não se está longe da geometria da luva, da qual Lacan dirá, em *O sinthoma*, que é tudo o que nós temos para representar a relação sexual que falta. Mas aí ele supunha mais que a representação imaginária: que tudo se passa como se a luva amasse o dedo. E ele acrescenta: é a essa sensibilidade de cinta que, eu cito, "faz obstáculo toda identificação imaginária da mulher (em seu estatuto de objeto proposto ao desejo) ao padrão fálico que suporta a fantasia"[15]. Eis aí, portanto, em todo caso, para o nexo de causalidade da frigidez: "Uma identificação com o padrão fálico", isto é, o falo ereto. Não se pode expressar mais claramente a

---

[13] LACAN, J. (1958) A significação do falo. In: *Escritos*. Tradução de Vera Ribeiro. Rio de Janeiro: Zahar, 1998, p. 702.
[14] LACAN, J. (1960) Diretrizes para um Congresso sobre a sexualidade feminina. In: *Escritos*. Tradução de Vera Ribeiro. Rio de Janeiro: Zahar, 1998, p. 742.
[15] *Ibid.*

hipótese da subordinação de gozo do ato sexual à problemática subjetiva. Bem que se pode dizer que ser o falo valeria mais se fosse apenas semblante.

Outro exemplo, em "A direção do tratamento", o caso do Homem dito da rodada de *bonneteau*[16], que ele coloca em paralelo com o caso da bela açougueira, que não ilustra o orgasmo feminino, mas o desejo histérico. Para este homem afetado por um momento de impotência, pode-se ver a leitura de Lacan: o ato sexual, o exercício da potência viril, do qual estava impedido, lhe é devolvido pela manobra de sua amante, que lhe conta um sonho no qual sua própria falha fálica estava suficientemente patente para trazer de volta, a nosso homem, os seus meios. Aí, o exemplo ainda é feito para mostrar que o ato está subordinado à dialética da relação com o Outro. No presente caso, Lacan explicita que, enquanto neurótico, ele quer ser este falo e que, ao lhe mostrar que ela não o tem, ela restitui as condições de exercício de sua fantasia.

O postulado dessas construções, das quais temos muitas dificuldades para nos desfazermos, é que o gozo dito genital é pensado como subordinado ao que opera no simbólico. Durante muito tempo, Lacan postulou que o Simbólico ordenava o Imaginário, S/I, o que ele inscreve em seu esquema R, mesmo se o simbólico em jogo na relação do sujeito com o Outro é suposto determinar as vicissitudes do gozo sexual, real, S/R. A promessa analítica se encontrava aí confortada com a esperança, para a análise, de cuidar dos sintomas sexuais: as impotências

---

[16]Ver nota de rodapé 6 da aula de 04 de fevereiro de 2015.

masculinas em suas diversas formas e a frigidez feminina. Até o *Mais, ainda*, encontra-se o enunciado de promessa, e mesmo de uma promessa que vai mais além daquela do orgasmo. Diz Lacan, a análise pode, eu digo pode, e não deve, pode, "às vezes", conduzir a que "cada um beije convenientemente sua qualquer uma"; dito de outra maneira, conduza a que um mesmo objeto, a uma em questão, seja, ao mesmo tempo, causa do desejo e condição de gozo no "ato exitoso"[17], como ele se exprime em "Televisão". Promessa, portanto, de cuidar do que Freud nomeou "rebaixamento" da vida sexual. As expressões "ela pode" e "às vezes" indicam o possível, nada de seguro, portanto, e se compreende o porquê. É que a dita "uma qualquer" depende do encontro. *Touché!* Isso pode não estar no programa, no entanto, às vezes chega ao Outro pelo viés de uma relação modificada.

O gozo do corpo...

A questão que Lacan coloca na abertura do *Mais, ainda*, a saber, de onde vem o gozo do corpo do Outro, marca claramente o que essas construções deixavam em branco, se assim posso dizer. É que dar conta da possibilidade do casal pelo desejo não dá conta do gozo dos corpos. Que a questão do gozo do Outro como corpo seja colocada mostra suficientemente que a dialética fálica do desejo e do amor não dava conta disso. Aí não se poderia mais dizer o que ele dizia nos anos sessenta, que ela é um efeito

---

[17] LACAN, J. (1973) Televisão. In: *Outros escritos*. Tradução de Vera Ribeiro. Rio de Janeiro: Zahar, 2003, p. 541.

da relação com o Outro barrado, $\bar{A}$, sobre o qual a análise de fato pode operar. Uma mudança de postulado está implicada: o gozo do Outro como corpo não provém da dialética subjetiva. Dito de outra maneira, para retomar os termos que citei: a articulação inconsciente do desejo não basta para dar conta do gozo dito genital, o qual não é, portanto, comandado pelas diversas identificações evocadas.

O quadro que Lacan apresenta na página 105 de *Mais, ainda*, com as fórmulas da sexuação, não se contrapõe ao que enfatizo.

$$
\begin{array}{c|c}
H & \bar{A}\ M \\
\hline
\exists x\ \overline{\Phi x} & \overline{\exists x}\ \Phi x \\
\forall x\ \Phi x & \overline{\forall x}\ \Phi x \\
\hline
\mathcal{S} \rightarrow a & S(\bar{A}) \\
\Phi & \bar{A}
\end{array}
$$

Este quadro indica como o casal heterossexual se estrutura quando ele se realiza. O homem, o que se pode chamar de homem, é identificado pelo falo maiúsculo, correlato ao gozo fálico, que implica a castração. É pelo discurso, porque "não existem senão discursos". Não é o homem no sentido genérico do termo, não todos os machos, é o homem efeito de discurso, suportado pelo semblante fálico, que, na relação com seu desejo, só está com o objeto *a*. E a escritura do "a-sexuado". De outro lado, a mulher barrada escreve que não há identificação instituidora da mulher no discurso. Ela é o Outro absoluto. Duas vias estão abertas a seu desejo de sujeito: uma em direção ao falo, que preside ao casal hétero por tudo que evoquei da dialética fálica e de mascarada; a outra em direção a S(A̶), o furo no Outro da linguagem. Pode-se dizer que uma mulher, mesmo heterossexual, não é toda heterossexual. Chamo atenção para dois pontos: de início, essas fórmulas não escrevem uma norma heterossexual, apenas uma possibilidade; elas indicam o que pode consolidar o casal e, por outro lado, elas não dizem nada concernente à questão colocada: de onde vem o gozo do corpo do Outro, do corpo que o simboliza? Elas dizem, apenas, o que preside a aproximação dos corpos.

Que corpo?

De qual corpo se fala aí? O corpo falante, até aí, sustentava-se em uma fórmula: ele é o "lugar do Outro"[18]. E qual é o resultado desta captura do Outro, desta incorporação? É dupla, o corpo é "deserto de gozo" por efeito da negativização significante, mas, para ele, a metonímia é a regra que assegura a deriva dos gozos pulsionais, efeitos do dizer da demanda. Lacan ainda o disse de outra maneira. O inconsciente afeta não o sujeito, mas o corpo[19] e o sujeito do inconsciente, aquele suposto ao inconsciente

---

[18]LACAN, J. (1970) Radiofonia. In: *Outros escritos*. Tradução de Vera Ribeiro. Rio de Janeiro: Zahar, 2003, p. 406-407.
[19]LACAN, J. (1971-1972) *O seminário, livro 19: ...ou pior*. Tradução de Vera Ribeiro. Rio de Janeiro: Zahar, 2012.

que cifra seu gozo, "engrena sobre o corpo"[20]. É a tese definitiva em Lacan, e o nó borromeano permanece sobre a mesma linha. Ela coloca um hiato, portanto, entre desejo e gozo, que não depende do rebaixamento como sintoma particular, que é próprio do falante.

O homem dos ratos o torna perceptível em sua obsessão fixa do gozo pulsional anal, na sua fantasia de relação com a dama e o pai. No fim da obsessão, ele não está curado. Não está curado de sua angústia do desejo do Outro, mas há algo mais, não se sabe nada de seu gozo genital, de sua relação com o Outro absoluto do sexo, digamos, de como se determina, para ele, o gozo do Outro como corpo; este capítulo não foi mesmo aberto por Freud.

Resumo, o corpo como lugar do Outro é o lugar de um gozo aparelhado pela linguagem, fálico e pulsional, que não faz relação de gozo com o outro sexo, é o corpo do a-sexuado. Como é que ele acede ao corpo do parceiro Outro? Primeira resposta: por seus traços de perversão, seus traços unários de gozo. Ver, em "Radiofonia", o exemplo de *Bel-Ami* e a metonímia que faz derivar o gozo da ostra à orelha da bela.

Mais, ainda evoca o corpo que "simboliza o Outro", é uma nova fórmula, e o Outro em questão não é aí mais o mesmo, não é aquele da linguagem. O Outro que este corpo simboliza, digamos, representa, é — eu cito "Televisão" — "o Outro radical que evoca a não relação que o sexo encarna"[21] e que se escreve S($\mathbb{A}$), o furo no Outro

---

[20]LACAN, J. (1973) Televisão. In: *Outros escritos*. Tradução de Vera Ribeiro. Rio de Janeiro: Zahar, 2003, p. 535.
[21]*Ibid.*, p. 537.

da linguagem. Este corpo não é o corpo feminino, é *um* corpo feminino, porque não é o corpo sem pênis de toda mulher, já que não é toda mulher que com seu corpo simboliza o Outro para um homem. Lacan foi sempre categórico sobre este ponto: a mulher é o Outro absoluto do Um fálico. Bem antes dos anos setenta e de suas fórmulas da sexuação, ele o disse, não há mulher, que ele exclui pela natureza das coisas, que é a natureza do discurso; exclui do discurso, ela representa o Outro absoluto para o homem. A tese já está em "Diretrizes", que dizia que "na dialética fálica ela representa o Outro absoluto"[22]. Daí se compreende que a diferença dos sexos seja concebida como um ponto de resistência irredutível à exigência de paridade. Por definição, a paridade exclui o Outro mais radicalmente ainda do que o fazem os discursos. Eis porque é muito interessante estudar como o Outro foi tratado na história. É uma longa série do que aparece agora como dominação, discriminação das minorias, racismo. A segregação em relação a isso seria quase um mal menor.

O corpo inverossímil

Então, o que é que responde finalmente à questão colocada no início de *Mais, ainda*, que não diz respeito a um gozo qualquer, mas precisamente àquele da relação sexual? A resposta não é explicitada nesse seminário. No final desse ano, Lacan reformula simplesmente o impasse

---

[22]LACAN, J. (1960) Diretrizes para um Congresso sobre a sexualidade feminina. In: *Escritos*. Tradução de Vera Ribeiro. Rio de Janeiro: Zahar, 1998, p. 741.

da não relação sexual e seu correlato da perversão generalizada, dizendo que "o gozo do Outro tomado como corpo, é sempre inadequado – perverso, de um lado, no que o Outro se reduz ao objeto a – e, do outro, eu direi louco, enigmático"[23].

Uma resposta mais precisa é, no entanto, preparada nesse seminário pelas diversas contribuições inovadoras. Eu já disse, o que há de mais novo não é o que ele avança sobre as mulheres com as fórmulas da sexuação, que simplesmente completa o que estava já em "O aturdito". O mais novo concerne à relação da linguagem e do gozo. Sobre esse ponto da relação entre linguagem e gozo, o seminário retoma e explicita, de início, uma tese já presente anteriormente, dizendo: "a realidade é abordada com os aparelhos do gozo"[24], isto é, o aparelho linguageiro. Dito de outro modo, o aparelho do gozo é o mesmo aparelho do conhecimento. É o que eu chamei de hipótese anticognitivista de Lacan, o cognitivismo tendo feito sua entrada na psicanálise com Anna Freud, quando ela supõe para a criança três linhas de desenvolvimento independentes: a da relação de objeto, aquela das pulsões e a do conhecimento, como se o pensamento fosse autônomo em relação à libido. A frase de Lacan que acabo de citar reformula, simplesmente, sua hipótese: a linguagem atinge um outro que a si mesmo, isto é, o indivíduo vivo, que é o mesmo que aquele que chamamos de sujeito do

---

[23]LACAN, J. (1972-1973) *O seminário, livro 20: mais, ainda*. Tradução de M. D. Magno. Rio de Janeiro: Zahar, 1985, p. 197, aula de 26 de junho de 1973.
[24]*Ibid.*, p. 75, aula de 13 de fevereiro de 1973.

inconsciente. O sujeito do inconsciente é o corpo aparelhado pela linguagem. É uma retomada, portanto, de uma tese anterior.

A novidade, ao contrário, é a de colocar que o significante se goza, isto é uma subversão da noção de saber, daí: "O inconsciente, é que o ser, em falando, goze" e "na cifragem está o gozo" e o "eu penso se goza"[25]. Fim, por consequência, da heteronímia das duas dimensões da linguagem e do gozo. E a verdadeira fórmula da resposta à questão do início de *Mais, ainda* vem pouco depois, com a tese do parceiro-sintoma. Ela estende ao parceiro sexual a tese sobre o sintoma em geral enunciado no começo de *R.S.I.*, aquela do sintoma-parceiro. Ela diz que a "fixão" com um x, fixação digamos, de gozo, que é um sintoma, se faz por um elemento do inconsciente ou sobre um elemento do inconsciente, que Lacan nomeia letra, idêntica a si mesma porque disjunta de toda semântica, porém gozada. Daí a fórmula "vocês gozam de seu inconsciente", dito de outra maneira, o sintoma, na sua definição geral, é do saber, de *alíngua* gozada. Isso situa o sintoma fora da cadeia significante, exceção fora sentido, portanto, e isso faz do inconsciente-real o verdadeiro parceiro. A tese se aplica mesmo ao gozo do ato sexual. E a Lacan, ao dizer: o que é uma mulher para um homem? É um sintoma[26]. Lembro aqui as precisões que tive de trazer sobre a noção de inconsciente-real. O inconsciente--real é o inconsciente-linguagem; não há, de um lado, o

---

[25] *Ibid.*, p. 143, aula de 8 de maio de 1973.
[26] LACAN, J. (1974-1975) *O seminário, livro 22: R.S.I.* Aula de 21 de janeiro de 1975. Inédito.

inconsciente-linguagem e, de outro, o inconsciente-real. A tese do inconsciente-linguagem é constante em Lacan, salvo que este inconsciente-linguagem, ele o pensou, de início, como cadeia de discurso que representa o sujeito, é o grafo do desejo, e que ele aborda em seguida, nos desenvolvimentos que evoco, no nível dos elementos vindos de *alíngua* que não fazem cadeia, mas que marcam o corpo. Daí, por exemplo, sua questão: como um elemento de *alíngua* precipita em linguagem? Resposta: pelo gozo. A prova é dada pelo deciframento do inconsciente, que não é senão uma *"elucubração de saber sobre alíngua"*, mas que atesta a incidência desta última sobre o corpo gozante. Logo, o sintoma, letra gozada, faz existir o inconsciente no real, e este sintoma é parceiro do sujeito a-substancial da cadeia. Quando se busca situá-lo na escrita do discurso analítico, ele é o S_2, saber gozado no lugar da verdade. "A terceira" enuncia, sobre o sintoma, que ele vem do real. De fato, e duplamente, do real do impossível da relação, da qual ele, o gozo, faz suplência, e do real da vida, sem a qual não haveria gozo. Lá onde Lacan escreveu $S◇a$, onde *a* é o objeto causa de desejo, poder-se-ia fazer uma variante que completa $S◇Σ$, em que o sintoma "acontecimento de corpo"[27] é gozo. Aí se tem uma resposta à questão do início de *Mais, ainda*. De onde vem o gozo do Outro como corpo? Ele não vem do próprio Outro, ele vem do inconsciente, do Um, como uma espécie de parceiro interposto entre o Um e o Outro. Daí a afirmação de "A terceira", dizendo que o que ele escreve

---

[27]LACAN, J. (1976) Joyce, o Sintoma. In: *Outros escritos*. Tradução de Vera Ribeiro. Rio de Janeiro: Zahar, 2003, p. 565.

no nó como gozo do Outro barrado, J(A̶), não existe, em todo caso, não existe no sentido objetivo do "de".

Esta fórmula do sintoma-parceiro vale, portanto, para o parceiro sexual do Um, o homem, quando é uma mulher. E Lacan coloca os pontos sobre os is na sua conferência sobre Joyce: "Os indivíduos [...] podem ser apenas sintomas, eles mesmos, relativamente a outros corpos"[28]. Uma mulher, por exemplo, é sintoma de um outro corpo.

Isso não vale apenas para a neurose, mas para todos os casos de heterossexualidade, em que o corpo simboliza o Outro, com a questão de saber se não precisaria se acrescentar que não é talvez apenas o próprio da heterossexualidade, mas o próprio de todo parceiro sexual, já que não há outro parceiro senão o sintoma e que, por exemplo, os *gadgets* da civilização são, eles mesmos, sintomas supletivos da relação.

Tenho insistido bastante sobre a questão do uso a fazer dessas teses na prática analítica. Que o sintoma venha do real, e não da verdade, coloca questões, verdadeiramente, para a psicanálise. De fato, tenho dito, ela partiu de um postulado inverso, e isso desde Freud, no que ele chamou de sua psicologia da vida amorosa — com a diferença de que Freud, contrariamente a Lacan, não problematizou o gozo próprio à relação sexual, mas apenas o dos sintomas neuróticos. O sintoma vem do real significa que não há psicologia, não da vida amorosa, expressão muito vaga, mas do gozo sintoma, o qual resulta de como *alíngua* se precipitou em letra, "fixão" de gozo. Daí a fórmula de

---

[28]LACAN, J. (1979) Joyce le simptôme II. In: *Joyce avec Lacan*. Paris: Navarin, 1987, p. 35.

Lacan em seu "Prefácio à edição inglesa dos *Escritos*", o real é "antinômico a toda verossimilhança"[29]. É o verdadeiro do real da vida em geral, mas isso se aplica também ao sintoma real e oriundo do real dos falantes. Na medida em que o sentido vem da "instância da letra", como Lacan o precisa em *O sinthoma*, este sentido pode nutri-lo, fazê-lo prosperar mesmo, ou extingui-lo (diz ele), em todo caso, em parte. Mas se o verdadeiro sentido do sintoma é o real, é este que dá a razão disso. Podemos dizer, como o formulei há muito tempo: não há sujeito sem sintoma como solução para a não relação e, por esse fato, o efeito dito terapêutico sobre o sintoma, como, por exemplo, o desaparecimento da obsessão do homem dos ratos, indiscutível, é simples mudança de sintoma. É aí que é necessária a noção de identificação com o sintoma, sobre a qual vou terminar o curso deste ano.

---

[29] LACAN, J. (1976) Prefácio à edição inglesa do *Seminário 11*. In: *Outros escritos*. Tradução de Vera Ribeiro. Rio de Janeiro: Zahar, 2003, p. 569.

DOZE

3 de junho de 2015

A identificação com o sintoma

Na última vez, mostrei que, ao parceiro que Lacan havia de início concebido a partir do significante falo, depois objeto *a*, todos os dois dando conta do desejo, ele acrescentou o parceiro-sintoma, que inclui o registro do gozo real.

Por gozo real, entendo aquele que não é *joui-sens*, gozo-sentido. Daí se compreende que, quando ele diz, mais tarde ainda, "eles se autorizam de si-mesmos os seres sexuados", este "si-mesmos" não é o sujeito representado por sua fala, mas por seu gozo sintoma, "êxtimo", que lhe vem pelo saber de *alíngua*, atingindo precisamente o seu corpo, que, portanto, faz passar a linguagem ao real. Esse "êxtimo" está nele, mas não é ele, ele faz mais que dividi-lo, redobrando a sua rachadura significante, ele o parasita. Eu poderia dizer como um verme solitário, porque vocês terão observado que, ao dizer que uma mulher é um sintoma para o homem, justamente depois de ter redefinido o sintoma como função da letra, Lacan não desenvolve as consequências, porém vai mais longe. Isso mostra, de fato, que lá onde se imagina, de boa vontade, que, apesar da não relação, mesmo assim se está no laço a dois, é preciso que essa imaginação nos seja cara para que Freud tenha imputado a Eros o Um da fusão; portanto, quando ele diz uma mulher sintoma, aí onde se imagina, pelo menos, uma conjunção de gozos, ele diz que só há um, o gozo autista do Um acoplado a seu inconsciente. Daí suas fórmulas: vocês gozam do inconsciente de vocês, o sintoma é o modo de gozar do inconsciente, do verbo tornado objeto, mesmo no leito, como eu o indiquei na última vez. De repente, compreende-se que o gozo do Outro, genitivo objetivo, não existe.

Lá onde se acreditava que havia o Um e o Outro, o Um faz faltar o Outro e permanece com o Um de seu inconsciente. O "*Y a de l'Un*", Há Um, martelado em *...ou pior*, se duplica, pois há o Um-dizer do Um que se sabe sozinho[1] e o Um de gozo-sintoma, gozo opaco, Lacan insiste neste ponto, êxtimo, seu único parceiro.

Gozo não êxtimo

Ora, todo o gozo não é opaco. O da fantasia, a ser escrito *joui-sens* (gozo-sentido), em duas palavras, não o é; ao contrário, ele faz ponto de basta ao meio-dizer de sua verdade. Ele é despercebido do sujeito, certamente, e é preciso todo o trabalho da análise para que ele perceba a função de sua "significação absoluta", que obturaria a barra sobre o Outro, e para que avalie a garantia que ele lhe dava e que tampouco sabia. Significação, isso pertence ao imaginário, mas o termo absoluto que se refere à sua constância a deporta em direção ao real. "A lógica da

---

[1] LACAN, J. (1971-1972) *O seminário, livro 19: ...ou pior*. Tradução de Vera Ribeiro. Rio de Janeiro: Zahar, 2012, p. 235.

fantasia", como o título indica, visava precisar seu lugar na estrutura de linguagem, homóloga àquela de um postulado em lógica, o qual é uma proposição fora de sistema que condiciona todas as proposições demonstráveis de sistema. Do mesmo modo, a fantasia condiciona todos os ditos de verdade do sujeito e, por mais variáveis que sejam esses últimos, ela não flutua, ela está, portanto, no lugar do real, sempre está no mesmo lugar. A referência ao toro visava dar a topologia desse lugar, mas isso não implica que a fantasia seja real, no sentido forte, isto é, fora do simbólico e imaginário. A fantasia é o mais real do sentido, é sentido único, eu disse, e poderia dizer sentido congelado, de algum modo. Quando, mais tarde, Lacan evoca o Um de sentido, isso se refere, eu creio, à fantasia, que permanece homogênea ao sujeito com o gozo pulsional que ele aloja. O gozo pulsional é imperativo, inclusive irreprimível, mas ele não é opaco; não somente ele vem da demanda, mas tem seus significantes, ele deriva na metonímia, e o escutamos e reconhecemos, ele tem, mesmo, seus afiliados; e, na neurose, ele é o veículo da demanda endereçada ao Outro, tendo, além disso, uma função subjetiva; é por meio dele, pela atividade pulsional, que o sujeito opera com sua perda, diz Lacan. A fantasia é o gozo que toma o sujeito, que o prende e que o mantém. E por quê? Porque uma fantasia não é gozo do corpo, é sempre gozo de uma representação de gozo do corpo. Vejam, aliás, o trajeto de Freud. Ele partiu dos sintomas, no plural, que, a partir do deciframento, se interpretam como retorno das pulsões recalcadas. Ele se deu conta, mais tarde, da presença da fantasia e a considerou como fora da trama sintomática, pedindo mesmo mais que um testemunho, uma construção, como se fosse um impossível de dizer. O que é impossível de dizer da fantasia? "Bate-se numa criança", que é o modelo freudiano, é um dito, uma frase, mas o que não se diz, no dito, é sua função erógena. Do mesmo modo, o homem dos ratos, seu cenário de efração anal do corpo pelo rato do Outro, o que ele desconhecia, é a função erógena dessa representação. "Gozo ignorado por ele mesmo", diz Freud.

Na fantasia, goza-se da representação do gozo, e a representação do gozo é o contrário da opacidade, isso pretende mesmo fazer passar o real ao visível, ao escópico, à representação. Com a fantasia, permanecemos no campo da "mentalidade", em continuidade com o fato de que o corpo, o estádio do espelho obriga, se introduz na economia do gozo pelo imaginário. A fantasia se junta, portanto, ao sujeito representado pelo significante, ao Um que se sabe só, uma representação de gozo. "A direção do tratamento" dizia de uma imagem na qual o sujeito poderia se tomar como contável, e não se diria identificação com a fantasia, porque o sujeito é identificado por sua fantasia ou, de preferência, pelo objeto alojado no coração da fantasia. A "Proposição de 67" sobre o passe é construída sobre esse pressuposto.

De todo modo, com o gozo opaco do sintoma, Lacan introduziu outra coisa, a noção de um gozo sem representação, fora da mentalidade. É dele que se pode dizer que seu real é "antinômico a toda verossimilhança"[2], isto

---

[2] LACAN, J. (1976) Prefácio à edição inglesa do *Seminário 11*. In: *Outros escritos*. Tradução de Vera Ribeiro. Rio de Janeiro: Zahar, 2003, p. 569.

é, fora simbólico e fora imaginário. Ele não vem da verdade do sujeito, mas do real; um passo é aí ultrapassado; sem representação, mas eventualmente não sem palavra, não sem elemento de linguagem passado ao real. O gozo do texto em *Finnegans Wake*, esta *alinglesa*[3] tornada parceira, ou aquela de não importa qual sintoma do inconsciente, é gozo da letra, por definição, idêntica a ela própria (o que não diz qual é seu Um; voltarei a isto) e, enquanto idêntica a si mesma, ela é exceção em relação ao significante jamais idêntico a si mesmo[4], porém, além disso, fora da representação. Dito de outra maneira, isso consiste em gozar da matéria linguageira sem o discurso, sem as representações e os relatos do discurso. Esse sintoma é uma "fixão" (com um x de saber) inconsciente, isto é, *alíngua* passada ao real do gozo, segundo a definição de *Mais, ainda*. Esse gozo, no entanto, não é gozo da vida, e é justamente por isso que Lacan se interroga em "A terceira" sobre um possível gozo da vida. Deste, nada sabemos, não podemos senão imaginá-lo, acreditamos reconhecê-lo no rom-rom do gato e podemos, com Lacan, perguntar se o lírio do campo goza. Questão insondável, porque nada do que é nomeado pertence mais à vida como um grande V, a língua fixa o gozo mortificando-o, faz dele "*bois mort*" (madeira morta), diz Lacan. Nesse sentido, nem no seu uso de língua viva, nem no sintoma, *alíngua* não é, jamais, gozo da vida, ainda que seja preciso o corpo vivo para gozar.

---

[3] O neologismo *Lalanglaise* condensa *lalangue* (alíngua) e *anglaise* (inglesa).
[4] LACAN, J. (1974-1975) *O seminário 22: R.S.I.* Aula de 21 de janeiro de 1975. Inédito.

Volto ao sintoma para marcar o caminho percorrido de Freud a Lacan. Freud percebeu, sem nomeá-los assim, os efeitos do inconsciente sobre o corpo, ele os detectou com a descoberta das pulsões e também do gozo fálico. Quanto ao Outro gozo, isso foi, por fim, para ele, um ponto de interrogação. Ele coloca o sintoma, simplesmente, como retorno das pulsões. Lacan guarda a definição do sintoma, é uma fixação de gozo. Mas, tendo apreendido a natureza linguageira do inconsciente, daí ele tirou a consequência que expressa: não há relação sexual. Isso lhe permite fazer aparecer a função do sintoma que Freud não viu: o sintoma faz suplência à relação que falta, o que não é próprio da neurose, mas um fato de estrutura; não há sujeito sem sintoma. Desde o início, ele formulou que era uma formação do inconsciente-linguagem, precisamente uma metáfora do significante do trauma, dizia ele em "A instância da letra no inconsciente". Por esse fato, a operação de deciframento dessa metáfora, segundo a prática freudiana, devia permitir revelar, no final, o significante do gozo traumático de origem. Repete-se bastante que Lacan passou do sintoma-metáfora ao sintoma-letra, mas, bem antes desta última formulação, há a ruptura dessa problemática, e ela é claramente legível quando ele diz: o inconsciente cifra o gozo e na "cifração é o gozo", aquele dito fálico, efeito do "encontro da fala com o corpo", aquele que se decifra na análise. Lacan explicita essa diferença em "Televisão", muito precisamente à página 514, o deciframento não é uma via de acesso puramente linguageira para a revelação de uma experiência de gozo, o ciframento/deciframento é gozo. A fórmula exata de

"Televisão" diz, falando de Freud: "é nos desfilamentos lógicos a que ele nos conduz com tanta arte"; mais tarde, em *Les non dupes errent*[5], ele evoca os elementos decifrados de *alíngua* como outros tantos "rebentos" de gozo, supondo, pois, a coalescência do simbólico de *alíngua* e do gozo real; Real, no entanto, não simples gozo da vida, eu já disse. Com essa coalescência, com o saber gozado, é o fim dos dois domínios heterônomos que ele havia ainda distinguido em "Lituraterra", o da linguagem e o do vivente, eu o disse, entre os quais a letra, suposta de participar dos dois, fazia borda. Desde então, recoloca-se a questão de situar o sintoma em relação ao deciframento do qual ele se distingue por sua fixidez, e se coloca a questão do Um de sintoma.

Os Uns reais

A diferença entre o nó borromeano de "A terceira" e o de *RSI* é, em relação a isso, muito instrutiva. Nos dois casos, o sintoma é um misto de real e de simbólico, fora do imaginário. Mas Lacan, de início, o situou no simbólico como transbordamento do círculo do real sobre o simbólico. Isso deixava a esperança de que, pelo simbólico, pela interpretação, jogando, ela mesma, de *alíngua*, se pudesse reduzi-lo. Depois, ele se corrige, o que nos indica, neste parêntese, que Lacan não está construindo um dogma, mas tateia, buscando pensar de forma justa

---

[5]Nota da tradutora: Jogo de palavras cuja tradução, para o idioma português, não permite a riqueza polissêmica que se encontra, em francês no título do seminário de Lacan de 1973-1974, *Les non dupes errent*. Nos *Escritos*, em "Televisão", p. 515, encontramos em nota de Vera Ribeiro "Os não-tolos (não tapeados) erram (são errantes)".

a psicanálise. Então, ele o coloca lá onde ele deve estar, como transbordamento do simbólico no real fora do sentido, que somente ele é opaco e, mais que isso, parasita. É, aliás, desse modo que o sujeito percebe o que nós chamamos seus sintomas como alguma coisa que está nele, que o incomoda, mas que não é ele. A noção de identificação com o sintoma vem daí. Lacan não faz disso uma prescrição de fim de análise, ele diz que é o que se pode fazer de melhor, e isso vai, talvez, com *"un savoir y faire"*, "um saber lidar" com isso, dito de outra maneira, desembaraçar com o menor custo possível. Isso é muito pouco, acrescenta ele, nada mais é que um efeito terapêutico vindo de uma mudança não do sintoma, mas do sujeito. A identificação com o sintoma não é uma operação que concerne ao sujeito do inconsciente se este sujeito do inconsciente é aquele que "engrena sobre o corpo"[6], como diz em "Televisão", isto é, o sujeito suposto ao inconsciente enquanto aparelho de gozo. É uma operação que concerne, de preferência, ao sujeito da verdade, aquele que escutamos e que é, também, consciência de si, e que, justamente, é afetado por seu saber inconsciente, eu poderia dizer, pelos sintomas de seu saber inconsciente. Esse sujeito está consciente de padecer de tal ou tal sintoma na entrada, consciência na análise ao se chocar com o tempo sobre a impotência da verdade semidita, consciência de não conseguir retificar o gozo insuficiente, aquele que não é isso, o fálico, e tampouco eliminar o parasita.

---

[6]LACAN, J. (1973) Televisão. In: *Outros escritos*. Tradução de Vera Ribeiro. Rio de Janeiro: Zahar, 2003, p. 535.

A expressão identificação com o sintoma coloca uma questão prévia, uma questão maior, é o que eu penso, para a psicanálise: pode-se identificar seu sintoma, quero dizer, a letra de seu sintoma, inclusive seu enlaçamento com o gozo-sentido? Pode-se identificar a fantasia, digamos, cerni-la, já que é ela que causa o girar em torno da fala analisante. Não há dúvida, as experiências individuais dos analisandos atestam isso de modo convergente. O que está em jogo nesta questão que eu coloco é muito prática: o que pode colocar um fim ao deciframento analítico? A questão se coloca porque o inconsciente, que cifra o gozo fálico, aquele que faz função de sujeito, diz Lacan, este inconsciente é um trabalhador que jamais entra em greve, o que não impede que este outro trabalhador, que é o analisando, bem queira lhe conceder suas férias. Sobre esse ponto, Lacan formulou uma primeira resposta na "Introdução à edição alemã dos *Escritos*", em 1973: o sentido, e o sentido aí é a fantasia, põe um término ao deciframento, mas as duas dimensões, deciframento e sentido, são heterogêneas; o sentido é heterogêneo à cifra de *alíngua*. Creio que, com o sintoma-letra, Lacan questionava, se não um término possível, um limite do ciframento por um elemento, letra, que não fosse heterogêneo ao ciframento do gozo fálico, mas que, por sua fixidez, idêntico a ele mesmo, funcionasse como o Um da série dos uns decifráveis, o Um que os constitui em conjunto, que faz deles outra coisa que não uma multiplicidade pulverulenta. É, manifestamente, o que ele busca quando diz, no final de *Mais, ainda*, que o significante Um — eu cito — "é a ordem significante na medida em que ele se instaura pelo envolvimento pelo qual toda a cadeia subsiste"[7]. Cai-se aí na questão do Um, do "Y a de l'Un", do "Há Um", fórmula capital tanto quanto "não há relação sexual". Lacan prospecta essa questão, aferra-se mesmo a ela, a partir de *De um discurso que não fosse semblante*. Como há o Um com todos estes uns de diferenças, que são os elementos-cifra de *alíngua*, onde encontrar o elemento unidade da série? Questão colocada no final de *Mais, ainda*, assim recolocada, mais de um ano depois, em "A terceira". E qual é o parceiro do Um, um outro um ou o Outro?

Este problema do Um, Lacan se encarregou de abordá-lo pela lógica — as lógicas, já que há mais de uma delas —, sendo a dos conjuntos a mais apropriada aos fatos do inconsciente, a ponto de ele se questionar se ela não foi suscitada pela descoberta freudiana, da qual ela é, de fato, contemporânea. Desses desenvolvimentos muito sinuosos, nem sempre convergentes, mas sempre complexos, eu termino por extrair uma distinção que me parece, ao mesmo tempo, simples, consistente e operatória. Há uns de "motérialité"[8] feitos da matéria linguageira, que são todos, ao mesmo tempo, uns de gozo, e todos eles supõem a cifra que distingue os elementos de *alíngua*. Mas são diversos estes uns de "motérialité": os das formações do inconsciente trabalhador jamais em greve são os uns da repetição que cifram o gozo fálico, aquele

---

[7]LACAN, J. (1972-1973) *O seminário, livro 20: mais, ainda*. Tradução de M. D. Magno. Rio de Janeiro: Zahar, 1985, p. 196, aula de 26 de junho de 1973.
[8]Nota da tradutora: *Motérialité* é um neologismo criado por Lacan a partir da condensação de *mot* (palavra) e *matérialité* (materialidade).

que "do sujeito faz função"[9], diz Lacan, e que se procura decifrar na análise. E, depois, o Um do sintoma, que dele se distingue por sua fixidez porque ele não cessa de se escrever do real[10]. É aquele que faz limite com a série do decifrável ou apenas o sentido? O sentido, já falei, é heterogêneo à cifra, não é o caso da letra, que é do Um, distinta daqueles da série porque idêntica a si mesma, exceção, portanto, em relação à série do decifrável, mas da qual o gozo não se reduz ao gozo fálico, diz em "A terceira". É gozo opaco, dirá Lacan, o verdadeiro *êxtimo*. Por outro lado, um outro tipo de Um é o Um do dizer, o Um do dizer que não é "motérialité", ele é existência; nada testemunha a existência senão o dizer. É um outro real, aquele da emergência existencial e do qual Lacan define o falante, finalmente, como Um-dizer do Um que se sabe sozinho, com a questão de saber que parceiro lhe atribuir senão o parceiro-sintoma. Acoplagem, portanto, do Um dizer que se sabe sozinho com o Um de sintoma.

No seminário *O sinthoma*, Lacan faz da *dit-mension* (ditamensão) do dizer, introduzido em "O aturdito", ainda a origem de um outro Um, o Um borromeano, que é do triplo-Um ou do Um de "chainoeud"[11]. De repente, identificar-se ao seu sintoma se torna complexo. Qualquer que ela seja, a identificação supõe o traço unário, TU, mas, então, qual? Apenas o Um do gozo opaco da

---

[9]LACAN, J. (1971-1972) *O seminário, livro 19: ...ou pior*. Tradução de Vera Ribeiro. Rio de Janeiro: Zahar, 2012.
[10]Ver: LACAN, J. (1974) A terceira. Inédito; e LACAN, J. (1974-1975) *O seminário 22: R.S.I*. Aula de 21 de janeiro de 1975. Inédito.
[11]Nota da tradutora: *Chainoeud* é um neologismo que une *chaine* (cadeia) e *noeud* (nó). Em português, "cadeianó".

letra, ou também o Um de sentido, igualmente gozado, mas de outro modo, não sem o imaginário, ou o Um borromeano que os enoda?

Identificar-se sem identificar?

Volto à minha questão: pode-se identificar seu sintoma? Quando se começou a ler esta letra-sintoma de *R.S.I.*, houve uma corrida para a suposta identificação de passe com a letra do sintoma, e esta *doxa*, pelo efeito inevitável de grupo, tocou passantes e cartéis. Para mim, que escutei muitos testemunhos ao longo dos anos, é certo que se pode aplicar a esses esforços para identificar sua própria letra-sintoma o que Lacan diz do inconsciente decifrado no final de *Mais, ainda*: é uma elucubração de saber sobre *alíngua* que permanece hipotética e só pode produzir uma pseudogarantia de passe — da qual um passe assegurado não tem necessidade, mas que desencaminha facilmente o coletivo. Creio que ele corresponde menos à autenticidade da experiência analisante do que aos fins de transmissão no dispositivo, e se vê, aliás, passantes e passadores estudarem febrilmente, antes de se engajarem em suas tarefas, tudo o que disso foi dito anteriormente.

Eu vou, de início, ressaltar que a noção de identificação com o sintoma não diz respeito à mola da virada de passe, mas ao resultado da análise concluída. Além disso, esta dita identificação da letra-sintoma não vem de Lacan. Não vejo observação alguma de Lacan que impulsione nessa direção, ao contrário. E, de início, que a letra seja definida como unidade de gozo e idêntica a si mesma, a = a, não diz por qual Um ela se define; talvez o Um que faz conjunto, conjunto dos uns que permanecem incertos, "do fonema a toda a linguagem", repete Lacan — aliás, ele pôde dizer que a letra não faz conjunto, ela é o conjunto —, ou é o Um do elemento incerto, que também ele, do fonema à frase, é "motérialité"? Deixemos, pelo menos, a questão em suspenso, porque o único Um certo é o do dizer.

Não esqueçamos, tampouco, que a verdade condenada ao meio-dizer não junta jamais nem o real nem o saber inconsciente; lá onde estava o inconsciente, ela não vai advir, e Lacan conclui: "Começa-se a saber para não se chegar aí", finalmente. Não esqueço o que ele disse também a respeito do lapso: que, quando este não tem mais sentido, se está no inconsciente e *"on le sait soi"* (o que se sabe consigo)[12]. Mas isso quer dizer, justamente, que este saber é intransmissível, irremediavelmente privado e, sobretudo, efêmero, já que dele se sai logo que a ele se presta atenção. Podemos dizer que ele não é exposto senão ao ser levado novamente à verdade mentirosa, fora do inconsciente.

Sou, portanto, tentada a retraduzir identificação com o sintoma pela identificação de cada um com a unaridade borromeana, um outro Um, como eu disse, aquele do enodamento entre o sentido e o real, entre o gozo opaco, parasita, e aquele do sentido que não o é, este enodamento que se retifica minuciosamente pelo dizer da análise, pelo que se escreve da operação da fala. O nó preside ao

---

[12]LACAN, J. (1976) Prefácio à edição inglesa do *Seminário 11*. In: *Outros escritos*. Tradução de Vera Ribeiro. Rio de Janeiro: Zahar, 2003, p. 567.

que eu chamo, por falta de encontrar algo melhor, um metabolismo dos gozos, nem todos reais, nem todos mentais, do qual o sujeito pode perceber as grandes constantes. Vê-se o benefício do enodamento: a fuga do sentido que cai sob o golpe inexorável do meio-dizer é detido pelo real antinômico a toda verossimilhança, mas, ao contrário, o autismo do real opaco é limitado pelo sentido, pela verdade.

Então, reconhecer o real fora sentido não é idealizá-lo, e as indicações de Lacan vão no sentido inverso dessa idealização. Lembro o que ele diz no final de sua conferência sobre Joyce a respeito do gozo próprio ao sintoma-letra como "gozo opaco que exclui o sentido"[13]. Bem, a análise o "desvaloriza" pelo sentido para "resolvê-lo", o que supõe *"d'être la dupe... du Père"*[14], diz ele, o pai sendo nesta época o *dire-père*[15], quarta consistência. E é tão verdadeiro que o Pai é o *dire-père* que ele acrescenta que Joyce chegou aí, a esta desvalorização sem passar pela análise, pelo dizer da análise, mas não sem... sua *"art-dire"*, "arte-dizer", ardil. Podemos dizer também que, se a análise é orientada na direção do real, é, em última instância, em direção ao real do nó. É bem o que diz Lacan quando ele fala do inconsciente poema, nó de real e de sentido, do poema que sou, que se escreve sem mim, mas que posso assinar, e assinar não

---

[13]LACAN, J. (1979) Joyce le simptôme II. In: *Joyce avec Lacan*. Paris: Navarin, 1987, p. 36.
[14]Nota da tradutora: *D'être la dupe...du Père* aproxima-se da expressão de Lacan "dispensar o Pai com a condição de servir-se dele".
[15]Nota da tradutora: Em português, "dizer-pai".

é saber. Assinar o poema e se identificar com o sintoma *c'est tout un*[16] — é a mesma coisa.

---

[16]Nota da tradutora: Por homofonia, *c'est tout un* suscita "é tudo Um".

Este livro foi impresso em julho de 2021 pela
Forma Certa para Aller Editora. A fonte usada
no miolo é Palatino Linotype corpo 10,5.
O papel do miolo é Pólen Soft LD 80 g/m².